DOBLAR Y MARCAR
EL ARTE DE LA
PAPIROFLEXIA
PARA TODOS

DOBLAR Y MARCAR
EL ARTE DE LA
PAPIROFLEXIA
PARA TODOS

Sok Song

TUTOR

Editor: David Domingo
Coordinación editorial: Lorenzo Sáenz
Traducción: Fernando Gilgado Gómez

Título original: *Crease + Fold,* de Sok Song
Publicado por primera vez en inglés en EE.UU. en 2010 por
Potter Craft, filial de Random House Inc., Nueva York.

FOTOGRAFÍAS: Alexandra Grablewski
FOTOGRAFÍA DE LA PÁG. 117: Roderick Mickens/AMNH, cortesía del American Museum
of Natural History.
ILUSTRACIONES: Sok Song, salvo las de las págs. 67-69, 75-77, 83-85, 96, 119-120 y 123,
de Frances Soohoo.

Esta traducción se publica por acuerdo con Watson-Guptil, un sello
de The Crown Publishing Group, una división de Random House, Inc.

ISBN: 978-84-7902-931-9
Depósito legal: M-23.999-2012
Impreso en Gráficas MURIEL
Impreso en España - *Printed in Spain*

Este libro está dedicado a
Alexus y Evelyn Song,
mis dos queridos sobrinos.

CONTENIDO

Papiroflexia básica

Prólogo

Desde hace algunas décadas, los diseños de papiroflexia han sufrido un gran desarrollo en el aspecto técnico y matemático. Este avance en la complejidad ha hecho que se vayan abandonando los modelos simples, aunque siguen nostálgicamente arraigados en la mente de muchos papirofléxicos.

- -

Este libro presenta una gran colección de figuras de papiroflexia, que nos recuerdan la elegancia de los modelos simples. Sok ha seleccionado una serie de modelos refrescantes y divertidos con unos plegados de inusual sencillez. No ha olvidado las dificultades de los inexpertos cuando se enfrentan por primera vez a aprender papiroflexia con un libro.

Durante años Sok ha mostrado a la comunidad de papirofléxicos su toque especial, que hace que sus exquisitos modelos destaquen entre los demás. Sus tarjetas de felicitación, de innovadores diseños y en las que presta una especial atención a los materiales de calidad, le han granjeado muchos fans en todo el mundo. Además, Sok es un magnífico profesor y un gran promotor de la papiroflexia. Este libro presenta fielmente su arte y a buen seguro que le inspirará.

Michael LaFosse & Richard Alexander
Origamido Studio

Introducción

L a papiroflexia es bella, e intemporal, gracias a su simplicidad. Después de todo, solo hay una forma de doblar un papel. Pero ese simple pliegue nos muestra un universo de posibilidades. Con cada variación en un pliegue, emergen nuevas formas. En un simple trozo de papel, podemos percibir la idea de una flor, la noción de un pez o el sueño de un pájaro.

La papiroflexia es un arte antiguo y su historia se remonta a miles de años. Ha superado las barreras del lenguaje y de las culturas. Es practicado por jóvenes y mayores. Ha sobrevivido, prosperado y permitido que millones de personas normales se conviertan en artistas. Cada generación, incluso cada persona que ha plegado, ha hecho su contribución al mundo de la papiroflexia.

Aunque la historia del plegado se remonta a la invención del propio papel, solo recientemente ha sido reconocido como una forma artística. La técnica básica de esta manualidad es constante (un pliegue aquí, una marca allí), pero la papiroflexia es un arte vivo y cambiante. De hecho, la papiroflexia moderna ha recorrido un largo trecho desde los días en que era considerada una tradición ceremonial o una manualidad para niños, y todo gracias a la variedad de gente que dobla papel. Mientras algunos plegadores se dedican a plegar simples pero bellas grullas miles de veces, otro prefieren experimentar y descubrir nuevas técnicas y formas exóticas: teselaciones ondulantes y repetitivas, formas geométricas modulares basadas en principios matemáticos, plegados en húmedo realistas y tridimensionales, o complicados modelos que necesitan horas de delicado trabajo y concentración. Es esta variedad de ideas, técnicas y modelos lo que lleva a la papiroflexia a fascinar a una amplia diversidad de personas.

De hecho, mis propios modelos son otro ejemplo de la variedad que puede encontrarse en el mundo de la papiroflexia. Aunque muchos de mis modelos se inspiran en diseños, bases y plegados tradicionales, forman un conjunto que expresa mi estilo como artista del papel.

He organizado los modelos de este libro por tamaño y en él queda patente mi gusto por el uso de materiales diversos. Empezaremos con los fundamentos de la papiroflexia, las bases y los pliegues básicos, y exploraremos mis versiones de los animales que han deleitado a tanta gente durante generaciones. Serás capaz de hacer tarjetas, joyas y otros modelos pequeños y divertidos. A continuación, cambiaremos a otro tipo de papiroflexia: el plegado de objetos útiles y artículos decorativos. Estas piezas de tamaño medio te darán una idea de cómo la papiroflexia se puede usar para ir a la moda o como decoración. Por último aunque no menos importante, la sección final incluye diagramas de unas pocas figuras grandes que te sorprenderán. Desde elefantes gigantes hasta lámparas y bolsos a tamaño real, con los que he intentado incluir un pequeño surtido de todo tipo de papiroflexia.

Este libro te dará una visión diferente de la papiroflexia. Lo que pensabas que era un simple *hobby* hecho con papel se transformará en un arte que puedes hacer con diferentes materiales reciclados y que abarca el mundo de la moda, la decoración, las manualidades y las bellas artes. Todo lo que necesitas es algo de interés, práctica y un trozo de papel para doblar y marcar.

«Plegadamente» tuyo,
Sok Song

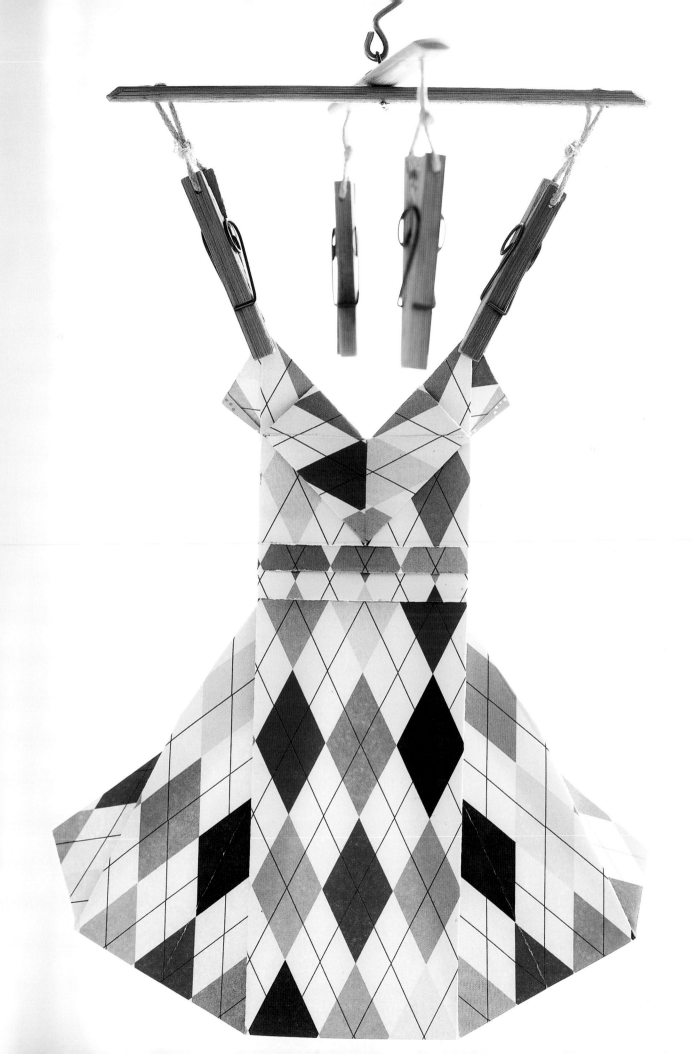

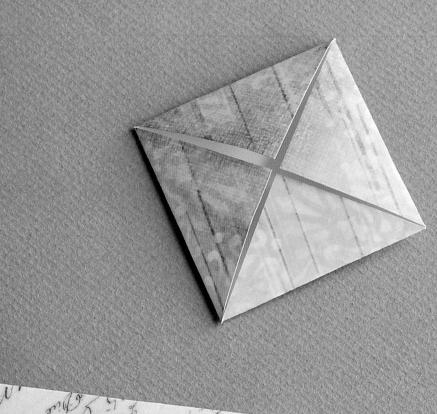

Papiroflexia básica

Como puedes suponer, plegados imperfectos dan lugar a modelos imperfectos. Mis amigos y yo llamamos a este estilo «arrugoflexia». Hacer pliegues precisos y bien marcados puede ser un reto, pero con paciencia y práctica todo el mundo puede hacerlos y crear así bellos modelos de papiroflexia. La siguiente sección muestra los símbolos, pliegues y bases que se utilizan. Dominar estos términos te ayudará a plegar los modelos de este libro (y de cualquier otro).

Símbolos y pliegues

Inventados por Akira Yoshizawa y mejorados por Samuel Randlett, los símbolos de la papiroflexia nos permiten entender visualmente los pasos sin necesidad de palabras. Esto, unido a que son aceptados por toda la comunidad internacional, permite interpretar los diagramas de cualquier publicación sin necesidad de traducir los textos descriptivos, por lo que algunos autores consideran que no es necesario incluir textos en los diagramas. No obstante, otros autores consideran que unos buenos diagramas deben ir acompañados de descripciones (que expliquen los pasos con palabras). Para los diagramas de este libro, he seguido las dos líneas de pensamiento: las ilustraciones te guiarán a través del proceso de plegado y los textos te ayudarán si se presentan dificultades.

SÍMBOLOS

Doblar

Desdoblar

Doblar y desdoblar

Repetir:
Repetir el mismo paso en el otro lado

Dar la vuelta:
Dar la vuelta al modelo mostrando el otro lado

Girar

Pinzar:
Aplastar por donde indican las flechas.

Punto de vista:
Indica que la siguiente ilustración mostrará el modelo desde otro punto de vista.

Vista ampliada:
Indica que la siguiente ilustración mostrará una vista ampliada del modelo.

Puntos de referencia:
Estos círculos ayudarán a unir las distintas partes del modelo cuando no haya marcas de referencia.

PLIEGUES

Pliegue valle:
Doblar hacia delante por
la línea discontinua.

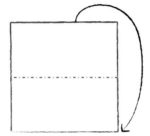 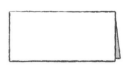

Pliegue monte:
Doblar hacia atrás por la
línea de rayas y puntos.

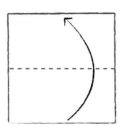 

Pliegue invertido interno:
Hundir la esquina
invirtiendo los pliegues.

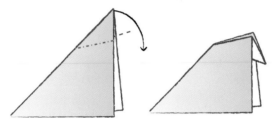

Pliegue invertido externo:
Dar la vuelta a una
esquina invirtiendo
los pliegues.

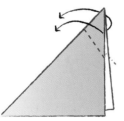 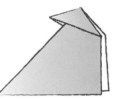

Pliegue escalonado:
Doblar alternativamente
en valle y monte.

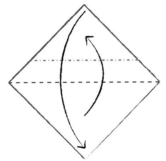 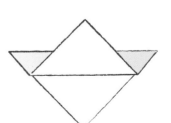

Pliegue aplastado:
Abrir el bolsillo
y aplastar.

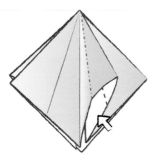

Pliegue pivotante:
Al doblar un borde hacia
un lado, se tira y aplasta
el otro para dejarlo plano.

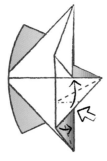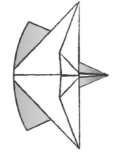

Pliegue oreja de conejo:
Doblar las diagonales
simultáneamente para
formar una punta similar
a la oreja de un conejo.

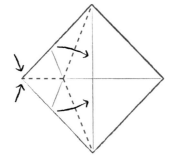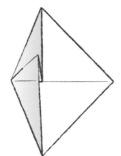

Colapsar:
Doblar por las marcas
realizando varios
pliegues a la vez.

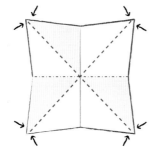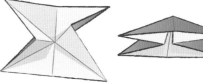

Consejos de plegado

1. Leer las instrucciones con atención antes de plegar. Es conveniente fijarse en el siguiente paso para ver cómo queda el modelo después de plegarlo.

2. Plegar siempre sobre una superficie lisa y dura. Doblar sobre una superficie blanda dificulta plegar con precisión.

3. Repasar bien los pliegues con el dedo. Los pliegues precisos y limpios dan lugar a mejores modelos. ¡No querrás hacer arrugoflexia!

4. ¡Que no cunda el pánico! La papiroflexia debe ser algo que te relaje y te calme. Cuando tengas algún problema con un paso, respira hondo y revisa los diagramas o inténtalo de nuevo desde el principio. Si te atascas y no puedes continuar, hay gente que puede ayudarte. Busca ayuda en un grupo de papiroflexia local o en internet. Hay muchos entusiastas de la papiroflexia deseando ayudar, así que manda un e-mail o contacta con ellos si ves que necesitas consejo.

5. La práctica hace al maestro. No te preocupes si en tu primer intento no consigues la mejor figura de papiroflexia que hayas visto. Incluso el plegador más avanzado necesita plegar un modelo muchas veces para hacerlo bien. Normalmente, pliego un modelo varias veces hasta que estoy satisfecho con el producto final. Además, repetir el mismo modelo una y otra vez te ayuda a reafirmar la secuencia de plegado y a desarrollar tu memoria; ¡con el tiempo serás capaz de plegar el modelo sin tener los diagramas delante!

6. ¡Comparte la diversión! Como estoy haciendo contigo compartiendo mi pasión por la papiroflexia, haz tú lo mismo con alguien que conozcas (o incluso que no conozcas). Pliega en una sala de espera o mientras vas en el autobús o en tren (¡pero no mientras conduces!). Después de plegar un modelo que te guste, regálaselo a alguien, ponlo en una tarjeta o dalo como propina. Seguro que te lo agradecerán y puede que te pidan que les enseñes a hacerlo. Los amigos que me visitan se sorprenden a veces porque no ven muchos modelos plegados. Es porque casi todo lo que pliego lo regalo a otros. Es mi forma de compartir la alegría de la papiroflexia.

En esta foto puede verse cómo cambia el modelo al hacerlo en distintos tamaños. De arriba abajo, los elefantes están hechos con cuadrados de 23, 15, 11 y 8 centímetros.

Elegir el papel adecuado

Una de las principales características de la papiroflexia es que puedes encontrar el modelo adecuado para casi cualquier tipo de papel. Pero incluso habiendo tantas posibilidades para elegir el papel, es fundamental escoger el correcto para cada modelo ya sea cuando estás empezando o cuando intentas crear modelos de papiroflexia artística.

Afortunadamente, hay muchos papeles especiales disponibles en el mercado. El rango de posibilidades va desde el papel más barato y tradicional llamado kami, hasta el más caro y duradero "washi" japonés, así como muchos otros intermedios.

El papel tradicional de papiroflexia se vende en diferentes tamaños. El estándar es un cuadrado de 15 cm, y otros menos comunes son cuadrados de 7,5 cm, 25,5 cm y 38 cm. La mayoría de los modelos se pueden plegar con un cuadrado del tamaño estándar de 15 cm, pero a menudo los modelos complejos son más fáciles de plegar si usas un tamaño mayor.

El tamaño más pequeño (7,5 cm) se usa generalmente para papiroflexia modular, que requiere varias hojas. Si usas papel de otro tamaño, es conveniente usar un cortador de papel para hacer un cuadrado del tamaño adecuado.

Antes de las instrucciones de cada modelo, hablaré de los diversos papeles que funcionan mejor para cada modelo en particular. Por ejemplo, a veces la apariencia del modelo depende de un color o de un tipo de papel. Sin embargo, también recomiendo que cada uno sea original y experimente por sí mismo con diferentes papeles. Cuando adquieras cierta práctica descubrirás con qué papel te gusta más trabajar y serás capaz de elegir el más adecuado para cada modelo por ti mismo.

Aquí muestro una breve descripción de algunos de los papeles más comunes utilizados en papiroflexia:

1. **Kami:** Es el nombre del papel de papiroflexia con un color brillante en un lado y blanco en el otro. Es el papel más económico y común que encontrarás para hacer papiroflexia.

2. **Papel monocolor:** Tiene el mismo color en ambos lados. Hay muchas marcas y tipos disponibles. Los "tacos de papel monocolor" son probablemente la forma más barata de comprarlo. Se suele vender también en hojas grandes que se deben cortar en cuadrados de la medida adecuada.

3. **Papel bicolor:** Tiene diferentes colores en cada lado. También hay muchas marcas disponibles. Muchos papeles de encuadernar tienen impresos diferentes colores o estampados en cada lado, si los cortas puedes hacerte tu propio papel Duo.

4. **Papel metalizado:** Este tipo de papel puede encontrarse fácilmente y es estupendo para

plegar porque es muy fino y flexible. Pero tiene un inconveniente: una vez que has hecho una marca en este papel es difícil deshacerla, la marca permanecerá siempre (y también cada imperfección). Es bueno para la práctica del plegado y en el diseño de nuevas figuras por su maleabilidad. Si vas de compras después de Navidad, puede que tengas suerte y encuentres un rollo entero de papel de regalo metalizado que podrás cortar en cuadrados del tamaño adecuado.

5. Washi: El nombre de este papel te indica su procedencia. *Wa* significa "japonés" y *shi* se traduce por "papel". El papel washi es más que una simple hoja de papel japonés: es fuerte, fibroso, perfecto no solo para muchos modelos de papiroflexia, sino también para otro tipo de manualidades. Se fabrica en diferentes colores y estampados, y normalmente es liso por un lado y rugoso por el otro.

6. Chiyogami estampado: Es un papel fino, normalmente kami, que suele venderse en packs con estampados variados en un lado. Como están impresos industrialmente con una máquina, tienen un precio asequible a pesar de la complejidad de los diseños.

7. Yuzen Chiyogami: Es la versión de lujo del chiyogami estampado. Suele ser satinado o impreso manualmente con motivos florales o con patrones tradicionales. Normalmente tiene combinaciones de colores llamativos con tintas metálicas especiales. Puedes encontrarlo en hojas de tamaño grande (61 x 91 cm) o en cuadrados preparados para papiroflexia.

8. Papel reciclado y otros papeles: Yo reciclo habitualmente papeles, a menudo porque no suelo tener papel de papiroflexia cuando viajo. Pero a veces reciclo porque es donde encuentro la inspiración: un cierto tipo de impresión en una revista o un poster que me fascina y ¡no puedo evitar plegarlo! Te animo a empezar a pensar igual. Sé que puedes convertir esas pilas de papel que hay a tu alrededor en tesoros de papel. Encontrarás oportunidades allá donde haya papel a mano, no importa si es de regalo, viejos calendarios, mapas, sobres o restos de papel de empapelar paredes. También puedes personalizar el papel reciclado pintándolo, haciendo collages o fotocopiando alguna carta antigua. Usar estos papeles alternativos puede ser muy satisfactorio; alguno de mis modelos favoritos los hice con papel reutilizado.

EL MEJOR PAPEL DE TODOS: PAPEL ARTESANAL DEL ORIGAMIDO STUDIO

Hacer papel a mano es un proceso complicado, pero el resultado puede superar la calidad del papel hecho con máquinas industriales. Michael LaFosse y Richard Alexander son líderes en este campo y su estudio, Origamido, es conocido por hacer uno de los mejores papeles para papiroflexia del mundo. Muchos maestros de papiroflexia, así como artistas del papel, utilizan sus productos.

Como supondréis, Michael y Richard hacen del arte de fabricar papel una rutina muy bien ensayada. Cuando los visité en su estudio me enseñaron todo el asunto paso a paso. Esta es la historia de mi día "entre bastidores".

Primero, la pulpa batida va a una máquina grande donde se aplasta y mezcla con agua. La receta de Origamido para el papel de papiroflexia incluye una combinación de fibras largas, finas y fuertes, como abacá, algodón, lino y cáñamo.

Una vez que la pulpa alcanza la consistencia adecuada, se coloca en una cuba de agua donde se colorea y acondiciona con varios tintes y polvos de mica. Es un proceso mágico, mezclando colores con la pulpa del papel se aplica la combinación de colores primarios para hacer nuevos colores. Hay un momento en el que la pulpa no se ha mezclado completamente con los colores y la combinación multicolor crea interesantes diseños. Aprendí que a veces el mezclado se para en esta fase para que el artesano pueda hacer distintos diseños en el papel.

Después, se sumerge en la mezcla una rejilla y se tira de ella hacia arriba en un solo movimiento, extrayendo las fibras más gruesas. Michael y Richard utilizan rejillas de diferentes tipos para hacer papel: una estándar de estilo occidental y otra japonesa de bambú. Cada una tiene diferentes mallas que le dan diferentes texturas al papel.

Si la capa de pulpa sobre la rejilla es suficientemente fina, se transfiere directamente a una tela sobre la esterilla secante para que absorba la humedad. Las esterillas secantes se apilan entonces y se ponen bajo una prensa para extraer el exceso de agua. La presión saca la mayor parte de la humedad, pero la pila debe ir a un sistema de secado durante la noche para que desaparezca el agua que aún queda en ella. El momento en el que las hojas de papel salen de la secadora al día siguiente es gratificante. Es asombroso ver, y después usar, los bellos y fuertes papeles que has hecho con tus propias manos.

¡Espero que algún día pueda tener mi propio estudio de creación de papel!

Bases de papiroflexia

En papiroflexia, una base son los pliegues preliminares que sirven de punto de inicio para la mayoría de los modelos que se inventan. Hay muchas bases, pero las que se muestran a continuación son las más comunes –además de ser las únicas que se utilizan en el libro–.

Para todas las bases siguientes, hay que comenzar con el lado blanco (o lado trasero) del papel hacia arriba, lo que nos permitirá hacer una base coloreada. En algunos de los modelos del libro, tendrás que comenzar con una base con el lado blanco hacia afuera –en vez del lado coloreado–. Cuando esto ocurra, deberás doblar la base comenzando con el lado blanco hacia abajo.

Si es la primera vez que doblas bases, practícalas varias veces antes de comenzar a utilizarlas para plegar los modelos de los capítulos siguientes. Una vez que domines las bases, controlarás los fundamentos de la papiroflexia, lo que te facilitará doblar las figuras. Si ya conoces las bases de papiroflexia, puede ser que encuentres alguna diferencia en la secuencia de plegado con respecto a los métodos tradicionales –son simples cambios que he introducido tras recabar información de muchos de mis alumnos de papiroflexia–.

BASE TRIANGULAR

Comenzamos con una simple base triangular. Algunos sostienen que es más un doblez que una base; de cualquier forma, creo que es uno punto de partida de muchos modelos tradicionales, y es esto lo que define una base.

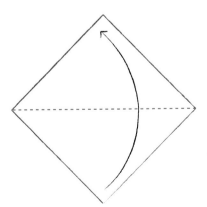

1. Doblar la mitad, de abajo arriba.

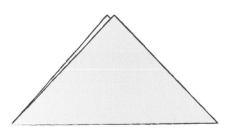

¡BASE TRIANGULAR TERMINADA!

BASE BOMBA DE AGUA

Esta base recibe su nombre porque muchos de los modelos que se hacen con ella se inflan con aire o agua. Con papel resistente al agua, es posible hacer una versión de papel de un iglobo lleno de agua!

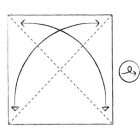 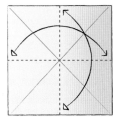 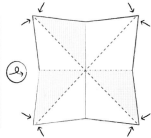 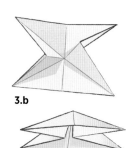

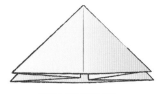

3.b

3.c

1. Doblar por la mitad, juntando las esquinas en ambas direcciones. Dar la vuelta.

2. Doblar por la mitad, juntando los lados en ambas direcciones. Dar la vuelta.

3.a Coger las cuatros esquinas y doblar por las marcas existentes.

¡BASE BOMBA DE AGUA TERMINADA!

BASE COMETA

La base bometa (también llamada base cono de helado) se crea a partir de la base triangular y nos da una punta larga.

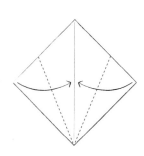 

1. Doblar por la mitad, de izquierda a derecha. Desdoblar.

2. Doblar ambos lados hacia el centro, formando un punto en la parte inferior.

¡BASE COMETA TERMINADA!

BASE PEZ

La base pez es una prolongación de la base cometa. El modelo más conocido que se hace con esta base es la ballena tradicional.

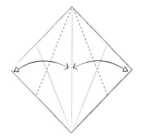

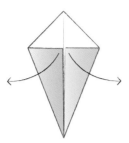

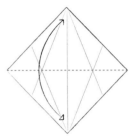

1. Comenzar con una base cometa. Desdoblar.

2. Doblar ambos lados hasta el centro, formando una punta en la punta superior. Desdoblar.

3. Doblar por la mitad de abajo arriba. Desdoblar.

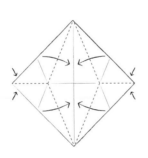

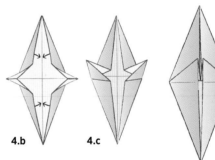

4.a Coger las esquinas derecha e izquierda y plegarlas por las líneas diagonales. Doblar las puntas hacia arriba.

4.b   **4.c**

¡BASE PEZ TERMINADA!

BASE ARMARIO

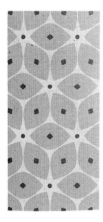

Esta simple base es el fundamento de varios modelos tradicionales. Su nombre viene por la forma en que se doblan los lados, como las puertas de un armario.

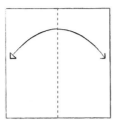

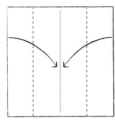

1. Doblar por la mitad, de izquierda a derecha. Desdoblar.

2. Doblar ambos lados hasta el centro.

¡BASE ARMARIO TERMINADA!

BASE BLINTZ

La persona que acuñó este término confundió un *blintz* (tipo de crepe enrollado) con un *knish* (tipo de crepe en el que las cuatro esquinas de la masa se doblan hacia el centro). A pesar de este error, el término caló entre los aficionados y desde entonces existe la base blintz en papiroflexia. En Japón, a esta base se la denomina base "cojín", porque la tela que envuelve los cojines en Japón se dobla llevando los cuatro lados al centro.

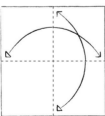

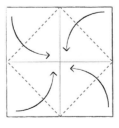

1. Doblar por la mitad, juntando los lados en ambas direcciones. Desdoblar.

2. Llevar las cuatro esquinas hasta el centro.

¡BASE BLINTZ TERMINADA!

BASE CERDITO

Esta base es muy versátil, ya que nos da seis puntas (tres en cada lado). Esta base se utiliza frecuentemente para crear animales de cuatro patas (las dos solapas restantes se usan para hacer la cabeza y la cola).

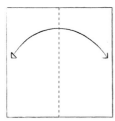

1. Doblar por la mitad de izquierda a derecha. Desdoblar.

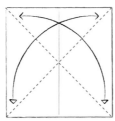

2. Doblar por la mitad juntando las esquinas en ambas direcciones. Desdoblar.

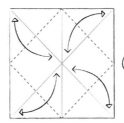

3. Llevar las cuatro esquinas hasta el centro. Desdoblar. Dar la vuelta.

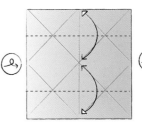

4. Doblar el lado superior e inferior hacia el centro. Desdoblar. Dar la vuelta.

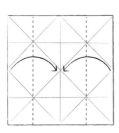

5. Doblar ambos lados hacia el centro.

6.a Aplastar las cuatro esquinas hasta que las cuatro se encuentren en el centro.

6.b

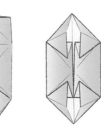

6.c

¡BASE CERDITO TERMINADA!

BASE MOLINILLO

La base molinillo comienza de forma similar a la base cerdito, e incluso algunos sostienen que es la misma base. De cualquier forma, considero que es una base diferente porque algunos de los pliegues que se usan para llegar a la forma final son diferentes.

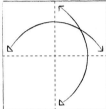
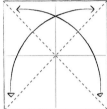
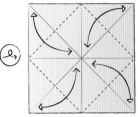
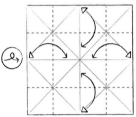

1. Doblar por la mitad, juntando los lados en ambas direcciones.

2. Doblar por la mitad, juntando las esquinas en ambas direcciones. Dar la vuelta.

3. Llevar las cuatro esquinas hasta el centro. Desdoblar. Dar la vuelta.

4. Doblar los cuatro lados hasta el centro. Desdoblar.

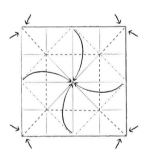
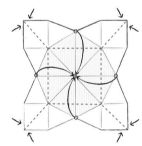
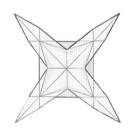
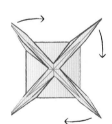

5.a Pinzar las cuatro esquinas llevando las cuatro esquinas hacia el centro.

5.b

5.c

6. Doblar las cuatro esquinas hacia la izquierda.

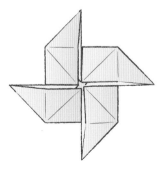

¡BASE MOLINILLO TERMINADA!

BASE PRELIMINAR

Esta es la base de las bases. Es el comienzo de la base pájaro y de la base rana, y hay montones de fantásticos modelos que comienzan con ella. La base preliminar es el resultado de invertir los pliegues de la base bomba de agua.

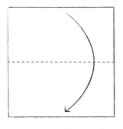

1. Doblar por la mitad de arriba abajo.

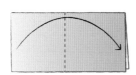

2. Doblar por la mitad, de izquierda a derecha.

3. Doblar la esquina superior derecha hacia abajo.

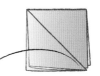

4. Abrir la solapa delantera llevándola hacia la izquierda (mantener el triángulo doblado).

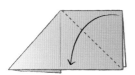

5. Doblar la esquina derecha hacia abajo.

6.a Abrir el bolsillo inferior hasta juntar los lados izquierdo y derecho.

Nota: *Asegúrate de abrir el bolsillo grande y no los bolsillos de los triángulos. Se obtiene un cuadrado con cuatro puntas en la parte inferior.*

6.b

6.c

¡BASE PRELIMINAR TERMINADA!

BASE PÁJARO

La grulla de papel es probablemente el modelo de papiroflexia más conocido. La grulla (y otros muchos pájaros de papiroflexia) comienzan lógicamente con esta base.

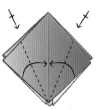

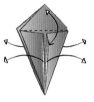

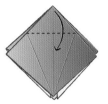

1. Comenzar con una base preliminar (pág. 31) con la parte cerrada hacia arriba. Doblar los lados inferiores hacia el centro. Repetir en el otro lado.

2. Doblar el triángulo superior. Desdoblar las solapas para volver a la base preliminar.

3. Doblar la esquina superior por la marca.

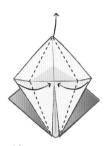

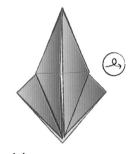

4.a Levantar la solapa delantera mientras se cierran las solapas laterales doblando por las marcas. Dar la vuelta.

Nota: *Mantener doblado el triángulo superior al principio. Esto ayudará a invertir los pliegues de la solapa delantera, para que los lados se junten en el centro.*

4.b

4.c

4.d

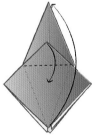

5. Doblar el triángulo superior por la marca. Repetir el paso 4.

¡BASE PÁJARO TERMINADA!

BASE RANA

Esta base clásica es un híbrido de algunas de las bases anteriores. Parece complicada, pero una vez que se dobla unas cuantas veces, su repetitiva secuencia hace que nunca se olvide.

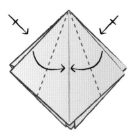

1. Comenzar con la base preliminar (pág. 31). Doblar los lados hacia el centro hasta formar una punta en la parte superior. Repetir en el otro lado.

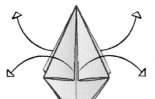

2. Desdoblar para volver a formar la base preliminar.

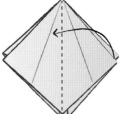

3. Doblar el lado derecho de la solapa delantera hasta que quede perpendicular a la base.

Nota: *El modelo será momentáneamente tridimensional hasta que se termine el paso 4.*

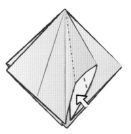

4.a Abrir el bolsillo de la solapa perpendicular y aplastarlo doblando por las marcas existentes.

Nota: *Es necesario invertir uno de los pliegues para aplastar la solapa.*

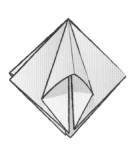

4.b

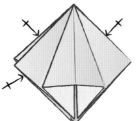

5. Repetir los pasos 3 y 4 en las tres solapas restantes.

¡BASE RANA TERMINADA!

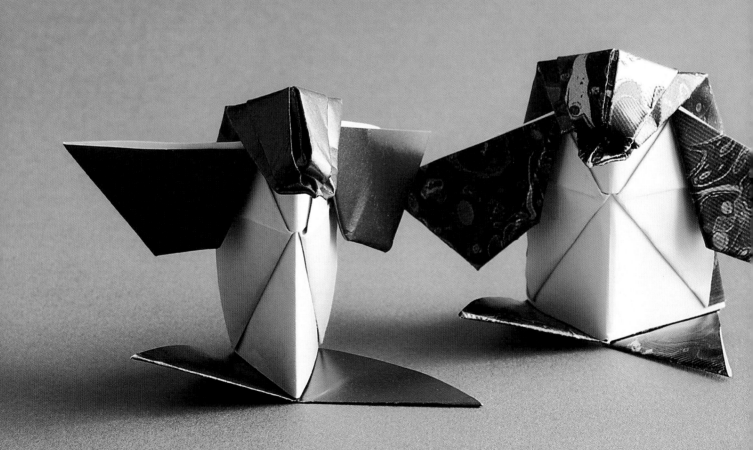

Modelos pequeños

Me encanta crear animales y criaturas con sencillos pasos de principio a fin. Las secuencias fluidas de plegado y las instrucciones simples –tanto visuales como textuales– hacen que el modelo sea divertido desde el primer intento. Para mí, uno de los aspectos más llamativos de las creaciones de papiroflexia es el momento "guau", que sucede cuando un simple trozo de papel se convierte de repente en algo vivo al llegar al paso final. Afortunadamente, los siguientes diseños no son solo intuitivos y fáciles de seguir, sino que podrás experimentar estos momentos "guau" por ti mismo. Espero que te diviertas plegando estos nuevos amigos tanto como yo me he divertido diseñándolos.

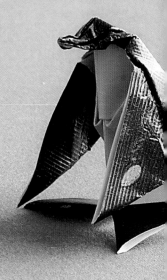

Pájaro cantor

Este modelo es una variante de la paloma tradicional de papiroflexia. Mi variación es más vistosa y expresiva, gracias a un simple ajuste de los ángulos y emplazamientos de los pliegues. Yo lo llamo pájaro cantor porque originariamente acompañaba a una tarjeta de felicitación que inventé que decía: "Canta una canción de alegría, canta una canción de felicidad, simplemente canta". ¡Es una casualidad que mi apellido (Song) signifique "canción" en inglés!

Papel: Utilizo un papel cuadrado de 15 cm para hacer un pájaro de unos 10 cm. Prefiero un color fuerte que resalte la elegancia del modelo.

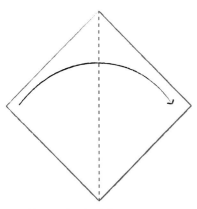

1. Doblar por la mitad de izquierda a derecha.

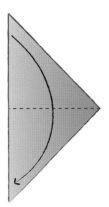

2. Doblar por la mitad de arriba abajo.

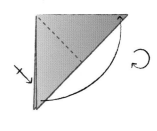

3. Doblar la solapa delantera hacia arriba. Repetir detrás y girar.

4. Doblar la esquina de la solapa delantera hacia arriba. Desdoblar.

5.a Hundir la esquina inferior de la solapa delantera.

5.b

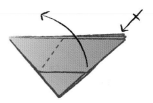

6. Doblar la esquina derecha hacia arriba para hacer un ala. Repetir los pasos 3-6 en el otro lado.

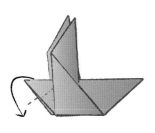

7. Hundir la esquina izquierda para formar la cabeza y el pico.

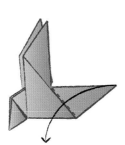

8. Doblar la esquina derecha para formar la cola.

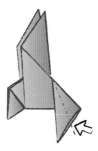

9. Abrir y aplastar la cola.

¡PÁJARO CANTOR TERMINADO!

Tortuga marina

Esta divertida tortuga fue diseñada para la
colección de tarjetas de felicitación de Creased
Inc. Busqué un modelo simple que fuera plano
pero realista, para que todo el mundo pudiera
reconocerlo cuando sacara la tarjeta del sobre.

Papel: Un papel de 15 cm es el ideal para este modelo. Para hacer que se parezca más a una tortuga, intenta encontrar un papel con textura o estampado que simule la concha de una tortuga.

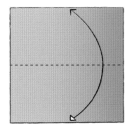 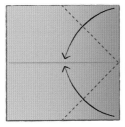 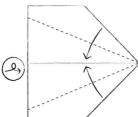

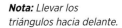

1. Doblar por la mitad de arriba abajo. Desdoblar.

2. Doblar las esquinas derechas hasta el centro. Dar la vuelta.

3. Doblar los bordes derechos hasta el centro.

Nota: *Llevar los triángulos hacia delante.*

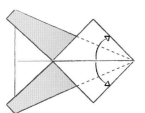 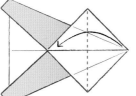 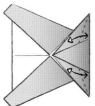 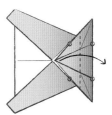

4. Doblar los bordes derechos hacia el centro. Desdoblar.

5. Doblar la esquina derecha del cuadrado hasta la esquina izquierda.

6. Doblar las diagonales de las esquinas superior e inferior. Desdoblar.

7. Doblar la solapa delantera hacia la derecha.

Nota: *Doblar solo el principio de las diagonales.*

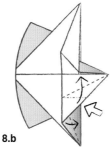 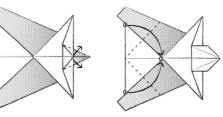

8.a Tirar y aplastar por las marcas para formar la cabeza y las patas delanteras.

8.b

9. Abrir las solapas para terminar la cabeza.

10. Doblar los bordes izquierdos hasta el centro.

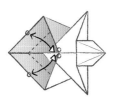 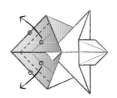 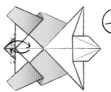 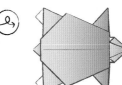

11. Doblar las solapas hacia la izquierda. Desdoblar.

12. Doblar las solapas hacia la izquierda juntando la marca con el borde.

13. Doblar la esquina hacia la derecha y la izquierda mediante un pliegue escalonado para hacerla más corta. Dar la vuelta.

¡TORTUGA MARINA TERMINADA!

TARJETAS DE FELICITACIÓN DE PAPIROFLEXIA

Me encantan las tarjetas de felicitación y la papiroflexia es una forma preciosa de decorarlas, por lo que crear tarjetas es una de las cosas que más me gusta hacer.

Mi empresa, Creased Inc., se fundó con la idea de hacer tarjetas de papiroflexia simples y elegantes. Ha sido destacada por la revista comercial *Greetings etc.* y ganó el premio LOUIE (premio internacional de tarjetas de felicitación). Obtener el premio fue asombroso, pero también lo fue sentir la inspiración al crear todas aquellas tarjetas seleccionadas para el premio.

Puedes usar muchos de los modelos de este libro para crear tus propias tarjetas hechas a mano. ¡Yo ya he usado algunos! Para empezar, compra unas pocas tarjetas de felicitación en blanco. Están disponibles en tiendas de artículos de bellas artes y en papelerías, y suelen venir con sus correspondientes sobres.

También puedes hacer tus propias tarjetas en blanco. El tamaño estándar para tarjetas es de 12,5 × 18 cm y las invitaciones son generalmente de 11,5 × 12,5 cm. El peso estándar para las tarjetas típicas es 180 g, pero puede variar dependiendo del papel y la textura que uses. La elección del papel para tu tarjeta puede hacer que pase de no decir nada a ser elegante.

Lo siguiente que tienes que hacer es seleccionar, plegar y pegar tu modelo de papiroflexia favorito. Intenta escoger un modelo que permanezca plano. En cuanto al tamaño, yo suelo plegar modelos de cuadrados de no más de 10 cm para una tarjeta de felicitación o de 7,5 cm para invitaciones más pequeñas. Si estás usando papel especial de papiroflexia, prueba primero el tamaño con papel normal antes de plegar el modelo definitivo. Si planeas colocar más de un modelo en la tarjeta, el tamaño de cada modelo debería ser incluso menor.

T. T. el gallo

Participo en un club de papiroflexia que se reúne una vez al mes en Nueva York. Uno de los organizadores, Tricia Tait, es una talentosa creadora de joyas de papiroflexia. Su signo del zodiaco chino es el gallo, por lo que colecciona adornos de gallos, gallinas y pollos. Lo he llamado así por ella.

Papel: Creo que el mejor papel es uno rojo por una cara y blanco por la otra. Con un papel de 15 cm se obtiene un gallo de 7,5 cm.

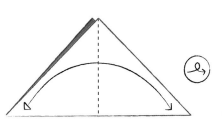 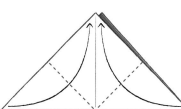 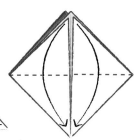

1. Comenzar con una base triangular (pág. 25) con el lado blanco hacia fuera. Doblar por la mitad de derecha a izquierda. Desdoblar. Dar la vuelta.

2. Doblar las esquinas inferiores hacia arriba.

3. Doblar las esquinas delanteras hacia abajo.

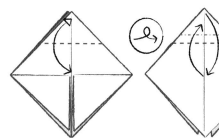 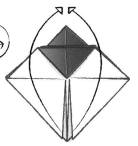 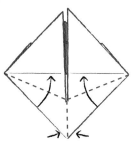

4. Doblar las esquinas superiores hacia abajo hasta el centro. Desdoblar solo la solapa delantera. Dar la vuelta.

5. Doblar la solapa delantera hacia abajo y hacia arriba mediante un pliegue escalonado. Dar la vuelta.

6. Levantar las esquinas inferiores.

7.a Oreja de conejo en la mitad inferior del modelo.

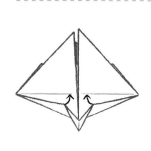 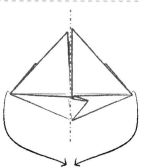 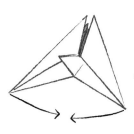 

7.b

8.a Doblar por la mitad plegando en monte.

8.b

8.c

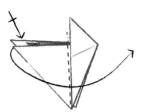 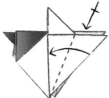  

9. Llevar la solapa izquierda hacia la derecha doblando por la marca. Repetir en el otro lado.

10. Doblar la solapa derecha hasta el borde. Repetir en el otro lado.

11. Coger la solapa roja y tirar hacia arriba.

12. Doblar la esquina inferior hasta la parte superior del cuerpo. Repetir en el otro lado.

¡T. T. EL GALLO TERMINADO!

Oso polar LMNO

Marcio Noguchi es el editor técnico de la edición americana de este libro; además, es un tipo fantástico que siempre está dispuesto a ayudar con su experiencia en el plegado. Su apodo es LMNO y este oso está dedicado a él.

Papel: Doblar el oso con un papel blanco o azul claro hace que sea reconocible como un oso polar, pero si usas un papel marrón o negro puedes convertirlo en un oso pardo o de otra especie. El que se muestra en la fotografía está hecho con un papel de 15 cm.

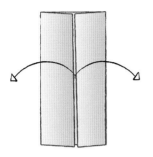

1. Comenzar con una base armario (pág. 28) con el lado blanco hacia afuera. Desdoblar para volver a formar el cuadrado.

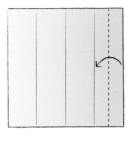

2. Doblar el lado derecho hasta la marca más cercana.

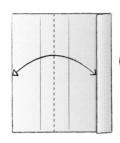

3. Doblar el lado izquierdo hasta el borde. Desdoblar. Dar la vuelta.

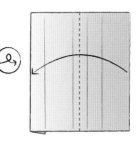

4. Doblar por la mitad doblando hacia la izquierda.

 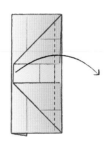

5. Llevar las esquinas hasta el borde.

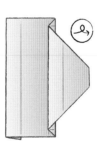

6.a Doblar la solapa plegando por la marca. Dar la vuelta.

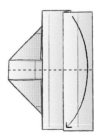

6.b

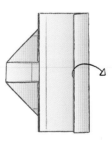

7. Desdoblar la solapa rectangular.

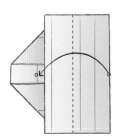

8. Doblar el lado derecho hasta la marca.

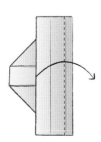

9. Doblar la solapa por la marca.

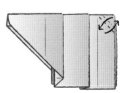

10. Doblar hacia abajo por la mitad.

11. Doblar hacia abajo y hacia arriba formando un pliegue escalonado. Desdoblar.

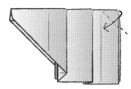 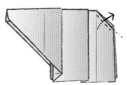 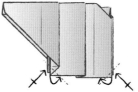 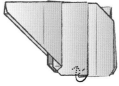

12. Hundir la esquina izquierda por la marca para comenzar a hacer la cola.

13. Sacar la esquina por la otra marca para terminar la cola.

14. Plegar en monte las esquinas inferiores. Repetir en el otro lado.

15. Hundir la esquina de la solapa central.

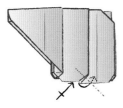 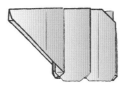

16. Doblar en monte para hacer la separación de las patas. Repetir los pasos 15-16 en el otro lado.

¡**OSO POLAR LMNO** TERMINADO!

Rana de la suerte

Ideé esta rana mientras colaboraba con un diseñador de sombreros y bolsos inspirados en la papiroflexia. La rana es un símbolo de buena suerte, pero si quieres que tu rana dé suerte, ¡debes iregalársela a alguien! Pasarás la suerte y esta volverá a ti: ¡es el "karma" de la papiroflexia!

Papel: Hay muchos papeles con colores y texturas para hacer bonitas ranas. Creo que un cuadrado de 15 cm es un buen tamaño para empezar, pero una vez que lo hayas conseguido deberías intentar hacerla con un papel lo más pequeño posible.

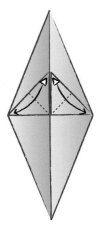

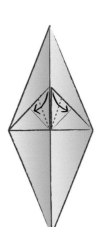

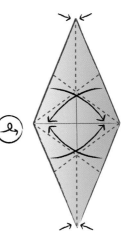

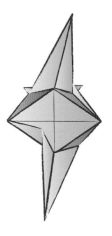

1. Comenzar con una base pez (pág. 27). Llevar las esquinas frontales hasta los bordes. Desdoblar.

2. Llevar las esquinas frontales hasta las marcas recién hechas. Dar la vuelta.

3.a Hacer pliegues oreja de conejo en la parte superior e inferior.

3.b

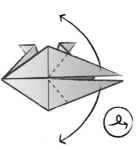

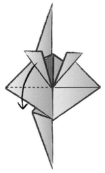

3.c

4. Separar las puntas. Dar la vuelta.

5. Llevar la solapa izquierda hacia abajo.

6. Llevar la esquina izquierda hasta la esquina derecha.

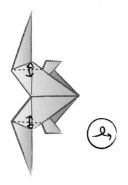

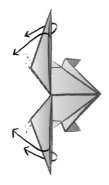

7. Doblar las esquinas hacia el cuerpo. Desdoblar. Dar la vuelta.

8.a Hacer un pliegue invertido externo para formar las patas.

Nota: *No hay que hacer nuevos pliegues, solo invertirlos doblando por las marcas.*

8.b

9. Doblar las solapas del paso 7 hacia atrás.

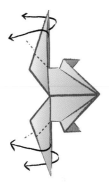

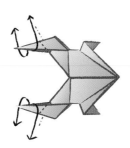

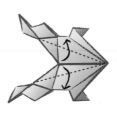

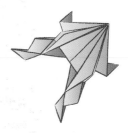

10. Hacer un pliegue invertido externo para formar las patas.

11. Hacer un pliegue invertido externo para formar los pies.

12. Doblar las solapas hacia afuera.

¡RANA DE LA SUERTE TERMINADA!

PLEGADO DE CUERO Y PIEL DE SERPIENTE

He experimentado con el plegado de cuero y de piel de serpiente. Con el cuero hay que limitarse a pocos pliegues debido al grosor del material, pero algunos plegadores han encontrado este material adecuado para modelos geométricos y otros modelos simples. Con la piel de serpiente el problema es el tamaño de la piel, pero como se puede ver en la página 47, el resultado es una maravillosa figura de papiroflexia.

Alan el conejo

Este conejito está inspirado en un libro infantil que mi amigo Alan ha escrito sobre las aventuras de un conejito y su madre. Los pasos finales del modelo se hacen con un método nuevo para redondear la espalda. Es difícil al principio, pero una vez que lo aprendas, lo harás tan rápido como ¡corre un conejo!

Papel: Con un papel 15 cm se obtiene un conejo de 7,5 cm con largas orejas. No hay que usar un papel demasiado grueso, porque dificultaría el plegado de los pasos finales.

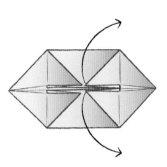

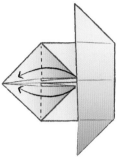

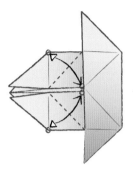

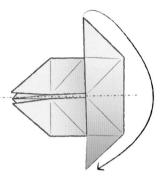

1. Comenzar con una base cerdito (pág. 29). Llevar las esquinas y tirar hacia afuera.

2. Doblar las esquinas hacia la izquierda.

3. Doblar y desdoblar.

4. Doblar por la mitad en monte.

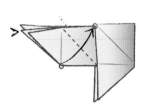

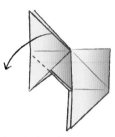

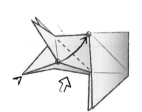

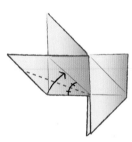

5.a Abrir las solapas delantera y trasera, bajando la esquina central.

5.b

6. Bajar la solapa delantera hacia la izquierda para comenzar la oreja.

7. Doblar la parte inferior de la oreja hasta la marca.

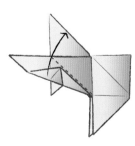

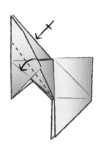

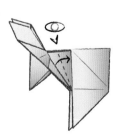

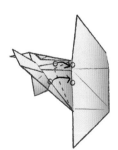

8. Doblar la oreja hacia la derecha.

9. Doblar el borde derecho hacia la izquierda. Repetir los pasos 6-9 en el otro lado.

10.a Abrir con cuidado la parte superior y llevar las orejas hacia el centro.

10.b

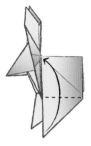 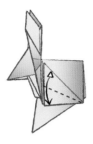 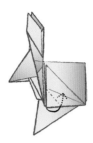 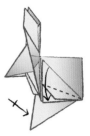

11. Subir la esquina inferior para comenzar la pata.

12. Doblar la esquina por la mitad hacia abajo. Desdoblar.

13. Doblar la esquina inferior izquierda en monte.

14. Doblar el borde derecho de la esquina hacia abajo. Repetir los pasos 11-14 en el otro lado.

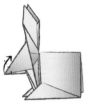   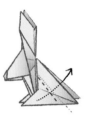

15. Doblar la esquina para formar la nariz.

16. Hacer un pliegue escalonado en la esquina derecha. Desdoblar.

17. Hundir la esquina superior derecha por la marca.

18. Volver a sacar la esquina doblando por la otra marca.

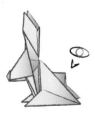   

19.a Vista del modelo desde atrás. Juntar las esquinas inferiores.
Nota: Ver la fotografía de la página 9 para observar cómo queda trabada la parte trasera.

19.b

20. Llevar los pies hacia delante para terminar.

¡ALAN EL CONEJO TERMINADO!

JOYAS DE PAPIROFLEXIA

¡Puedes convertir tus modelos de papiroflexia en broches, pendientes y muchas cosas más! Hacer joyas de papiroflexia es una forma fácil y divertida de tener complementos. Casi cualquier modelo se puede hacer en miniatura; sin embargo, es importante escoger el tamaño correcto para cada modelo en particular. Recuerda, distintos modelos que parten de un mismo tamaño de papel pueden resultar finalmente de diferentes tamaños.

Para hacer un pin, usa un pin autoadhesivo o pégalo al modelo con pegamento rápido (coserlo no es práctico, ya que se puede rasgar el papel). Para los pendientes, puedes usar muchos tipos diferentes de accesorios para bisutería. Puedes hacerlos con cuentas para añadirle peso o varias anillas para darles longitud. Simplemente haz un agujero en el modelo y mete el alambre de unión y el gancho del pendiente. Todos los accesorios para hacer bisutería se pueden encontrar en tiendas de manualidades o mercerías.

También necesitarás algún tipo de protector para que aguante el uso diario. Tricia Tait, de T8 Studios, recomienda sellar el papel con un fijador y además cubrirlo con varias capas de barniz acrílico. El resultado es una superficie brillante y luminosa con una protección duradera que hace que la pieza de bisutería dure. También puede valer la de uñas transparente.

Alfred el pingüino patinador

Mi amiga Kathryn estuvo una vez
contando pingüinos en Sudamérica como
parte de un proyecto de investigación,
así que este modelo está dedicado a ella,
y el nombre es un homenaje a su querido
perro Alfred Einstein.

Papel: En este modelo se usan los dos lados del papel, así que sirve cualquier papel bicolor. Con un papel de 15 cm se obtiene un pingüino de 7,5 cm, por lo que es recomendable usar un papel más grande si se quiere facilitar el plegado de los detalles.

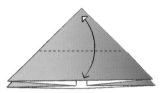

1. Comenzar con una base bomba de agua (pág. 26). Doblar la esquina superior hacia abajo. Desdoblar.

2. Doblar la esquina superior hasta la marca. Desdoblar.

3. Doblar el borde inferior hasta la marca del paso 2.

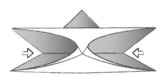

4.a Abrir la solapa frontal y aplastar los bolsillos de color. Dar la vuelta.

Nota: *Cuando aplastes, asegúrate de alinear los bordes para formar un cuadrado blanco en el centro.*

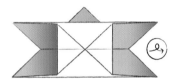

4.b

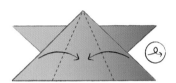

5. Doblar los lados hasta el centro. Dar la vuelta.

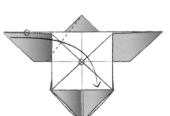

6. Doblar la solapa izquierda hasta la intersección de las marcas.

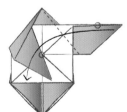

7. Doblar la solapa derecha hasta la intersección de las marcas.

8. Abrir las puntas para formar las alas.

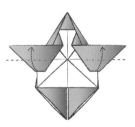

9. Hundir la parte inferior de las alas.

  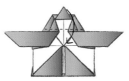 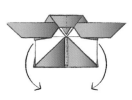

10. Hacer un pliegue escalonado en la esquina superior.

11. Llevar las esquinas inferiores hacia arriba.

12. Doblar la parte superior hacia abajo para formar la cabeza.

13. Doblar por la mitad plegando en monte.

14. Abrir las patas y tirar de la cabeza suavemente.

¡ALFRED EL PINGÜINO PATINADOR TERMINADO!

FIGURAS CON MOVIMIENTO

¡Este es un pingüino muy divertido! Es un ejemplo de las llamadas "figuras con movimiento" en las que alguna de sus partes, o el modelo entero, puede moverse de alguna forma. En este caso, los grandes pies hacen que pueda deslizarse, como si patinara, si se le sopla por detrás sobre una superficie lisa.

Sok-a-Roo
el bebé canguro

Como cualquier grupo de amigos, mis colegas y yo
tenemos motes. Mi amiga Berna me llama Sok-a-
Loo, así que se me ocurrió denominar ¡Sok-a-Roo!
a esta pequeña figura. El papel Cave del modelo de
la foto está hecho a mano por Amanda Degener,
de Minneapolis.

Papel: El canguro de la fotografía está hecho con un cuadrado de 15 cm de papel Cave, pero puede usarse cualquier papel grueso que permita modelarlo humedeciéndolo un poco.

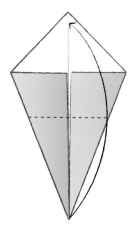 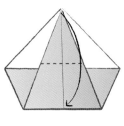 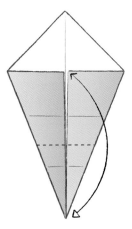 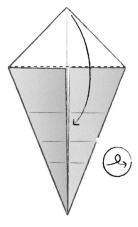

1. Comenzar con una base cometa (pág. 26). Doblar la punta inferior hasta la esquina superior.

2. Doblar la punta superior hasta el borde inferior. Desdoblar hasta la base cometa.

3. Doblar la punta inferior hasta la base del triángulo superior. Desdoblar.

4. Doblar la esquina superior por la base del triángulo. Dar la vuelta.

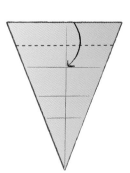 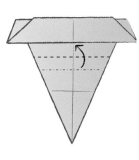 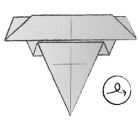 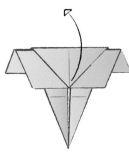

5. Doblar el borde superior hasta la primera marca.

6.a Doblar en monte por la marca para formar un pliegue escalonado. Dar la vuelta.

6.b

7. Doblar la solapa delantera.

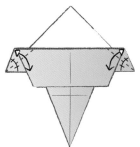 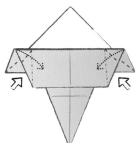 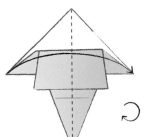 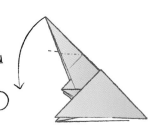

8. Doblar las esquinas laterales hacia abajo. Desdoblar.

9. Hundir las esquinas laterales por los pliegues existentes.

10. Doblar por la mitad plegando en valle. Girar.

11. Hundir la punta superior alineándola con la marca para formar la cabeza.

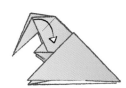 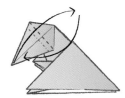  

12. Abrir una de las solapas de la cabeza.

13. Doblar la cabeza en valle todo lo posible y hacer un pliegue escalonado.

14. Pliegue monte en la punta.

15. Volver a cerrar las solapas de la cabeza.

¡SOK-A-RO EL BEBÉ CANGURO TERMINADO!

Némesis el gorila

Este modelo está dedicado a mi amigo Alexander. Nos conocemos desde hace mucho tiempo y nuestro trabajo con el papel se ha desarrollado paralelamente, de tal modo que competimos entre nosotros por crear mejores modelos. Como los mejores amigos, le considero mi "némesis", porque somos iguales en muchos aspectos y también muy diferentes en otros.

Papel: En este gorila se utilizan las dos caras del papel y su tamaño final resulta la mitad del cuadrado original. Para darle un aspecto divertido, intenta encontrar un papel con textura aterciopelada para un efecto de "piel".

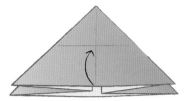

1. Comenzar con una base bomba de agua (pág. 26). Doblar la esquina superior hasta el borde inferior. Desdoblar.

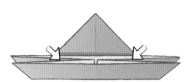

2. Doblar el borde inferior hasta la marca.

3. Abrir las solapas y aplastar los bolsillos laterales para formar un cuadrado en el centro.

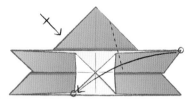

4.a Doblar la esquina derecha hasta la esquina inferior izquierda del cuadrado central para formar un brazo. Repetir en el otro lado. Dar la vuelta.

Nota: *Cuando dobles la esquina izquierda, se cruzará con la derecha.*

4.b

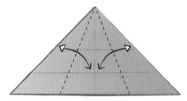

5. Doblar los lados hacia el centro. Desdoblar.

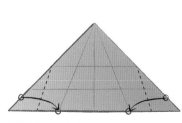

6. Doblar los lados hacia abajo.

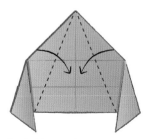

7.a Doblar por las marcas del paso 5. Dar la vuelta.

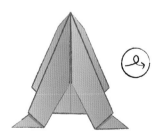

7.b

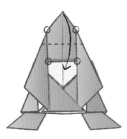 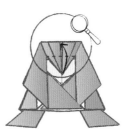 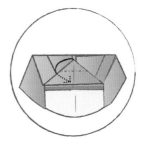 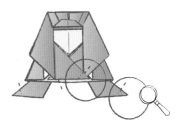

8. Doblar el extremo
superior hacia abajo
para formar la cabeza.

9. Doblar la punta hasta
casi el borde superior.

10. Doblar la punta
en monte.

11.a Hundir las puntas de
los brazos y las patas.

  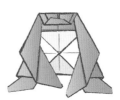

11.b

12. Dar forma
a los brazos.

**¡NÉMESIS EL GORILA
TERMINADO!**

Kitty el gato

Este adorable modelo es el resultado de una feliz casualidad después de darle vueltas al papel buscando nuevas variaciones de las bases. Utiliza varios pliegues oreja de conejo para crear las patas, el cuerpo y la cola.

Papel: Recomiendo utilizar un cuadrado de 15 cm de papel de envolver o de regalo. Quedará bien aunque el papel solo tenga estampados por una cara.

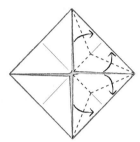 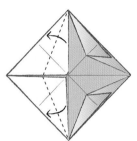 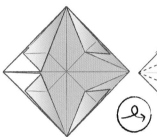 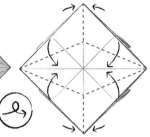

1. Comenzar con una base blintz (pág. 28) con el lado blanco hacia afuera. Hacer un pliegue oreja de conejo en las partes superior e inferior derechas.

2.a Doblar las solapas izquierdas hasta el borde. Dar la vuelta.

2.b

3. Pliegue oreja de conejo en la parte superior e inferior.

Nota: *Llevar los triángulos de debajo hacia delante.*

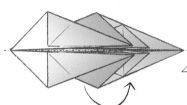 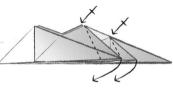 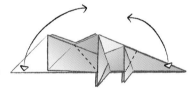

4. Doblar por la mitad plegando en monte.

5. Plegar las solapas hacia abajo para hacer las patas. Repetir en el otro lado.

6. Doblar los lados izquierdo y derecho hacia arriba.

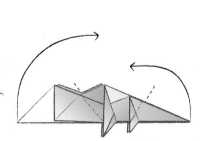 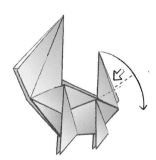 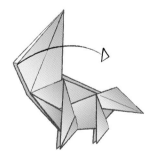

7. Hundir doblando por las marcas.

8. Abrir y aplastar la esquina superior derecha para hacer la cola.

9. Abrir la esquina superior izquierda para hacer la cola.

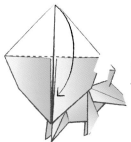 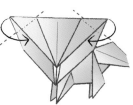 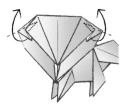 

10. Doblar la esquina superior hacia abajo.

11. Hundir las esquinas superiores de la cabeza.

12. Volver a hundir las esquinas hacia arriba para hacer las orejas.

13. Llevar la esquina inferior hacia arriba.

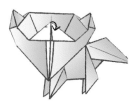  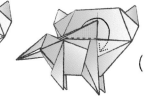 

14. Doblar hacia abajo la esquina para hacer la nariz. Dar la vuelta.

15. Plegar la solapa en monte metiéndola detrás de la cabeza.

16. Doblar la solapa hacia abajo, metiéndola detrás de la pata.

¡KITTY EL GATO TERMINADO!

Golondrina de Kyoko

Este elegante pájaro simboliza varias cosas: buena suerte, salud, lealtad y amor, así como un feliz regreso a casa. Conocí a Kyoko en una reunión de la asociación OrigamiUSA, donde pasé mucho tiempo con ella y su marido Shig. Realmente me sentí como otro miembro de la familia.

Papel: Este modelo puede hacerse con cualquier papel de diferentes tamaños y gramajes. Para el móvil de la página 106 he utilizado un papel de 18 cm.

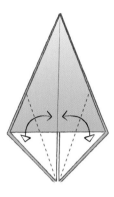 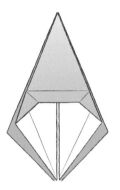 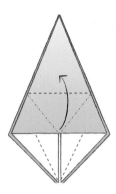 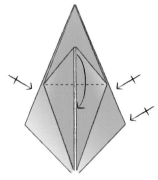

1. Comenzar con una base rana (pág. 33). Doblar los lados inferiores hasta el centro. Desdoblar.

2.a Levantar el borde delantero, y llevar los lados izquierdo y derecho al centro doblando por las marcas.

2.b

3. Doblar la esquina delantera hacia abajo. Repetir los pasos 1-3 en los demás lados.

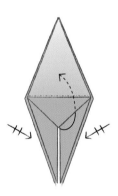 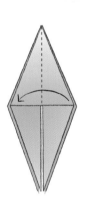 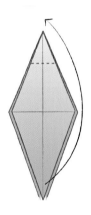 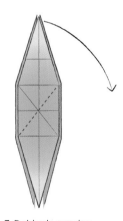

4. Hundir las solapas triangulares hacia el interior. Repetir en los demás lados.

Nota: *Para meter las solapas, debe abrirse ligeramente el modelo.*

5. Doblar la solapa derecha hacia la izquierda.

6. Tirar hacia arriba de la solapa delantera.

7. Doblar la esquina superior hacia la derecha por la diagonal, para hacer un ala.

Nota*: En este paso se forma un triángulo que cubre parte del ala.*

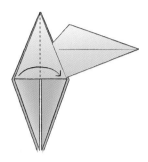

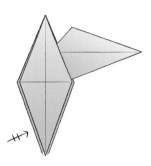

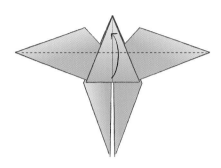

8. Doblar la solapa izquierda hacia la derecha.

9. Repetir los pasos 6 y 7, doblando la solapa superior en dirección opuesta para hacer la segunda ala.

10. Doblar la parte inferior hacia arriba.

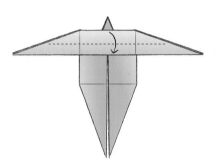

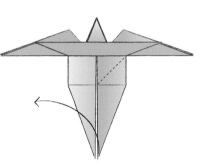

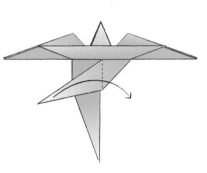

11. Doblar la solapa delantera hacia abajo.

12. Doblar la punta inferior derecha hacia la izquierda.

13. Doblar la misma punta hacia la derecha.

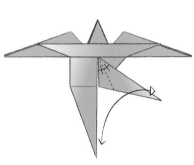

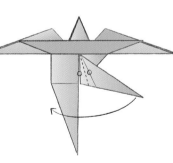

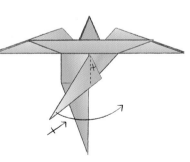

14. Doblar la misma punta hacia abajo. Desdoblar.

15. Doblar la misma punta hacia la izquierda, haciendo un nuevo pliegue entre la marca y el centro.

16. Doblar la misma punta hacia la derecha. Repetir los pasos 12-16 simétricamente con la punta izquierda.

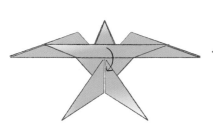

17.a Bajar el borde superior de las alas hacia abajo. Dar la vuelta.

17.b

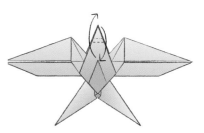

18.a Doblar la esquina superior haciendo un pliegue escalonado para formar el pico. Dar la vuelta.

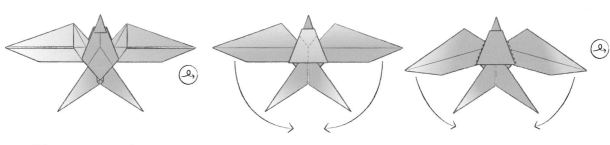

18.b

19. Pliegue monte en el cuerpo.

20. Doblar las alas plegando por el borde del cuerpo. Dar la vuelta.

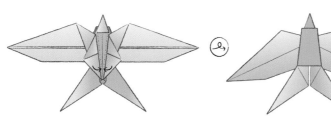

21. Curvar el cuerpo para darle forma. Dar la vuelta.

¡GOLONDRINA DE KYOKO TERMINADA!

Bebé elefante

Los elefantes son unas figuras muy populares entre los creadores de papiroflexia. Hay docenas de tipos diferentes, desde representaciones geométricas abstractas hasta modelos extremadamente realistas. El mío tiene un aspecto geométrico, pero es diferente de la mayoría de los que he visto por su simpática forma de elefantito.

Papel: Con un papel de 15 cm se consigue un elefante de unos 10 cm de alto, contando con la trompa hacia arriba –en algunas culturas simboliza la buena suerte–. También es un bonito modelo para hacerlo en tamaños grandes. Después de dominar su plegado, intenta hacer el ¡elefante Momma!

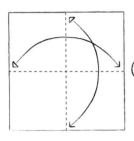 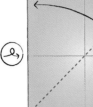 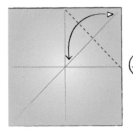

1. Doblar por la mitad juntando los bordes en ambas direcciones. Desdoblar. Dar la vuelta.

2. Doblar la esquina inferior derecha hacia la izquierda. Desdoblar.

3. Doblar la esquina superior izquierda hasta el centro. Desdoblar. Dar la vuelta.

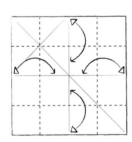 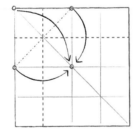 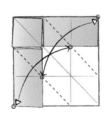 

4. Doblar los cuatro lados hasta el centro. Desdoblar.

5. Doblar la sección superior izquierda.

Nota: *Acabas de formar una base preliminar (pág. 21) en una esquina. Esta técnica es utilizada en muchos modelos, ya que permite crear mayor tamaño y longitud en la cabeza o la cola.*

6. Doblar la esquina superior derecha e inferior izquierda hasta las marcas. Desdoblar.

7. Doblar la esquina inferior hasta la base preliminar. Desdoblar.

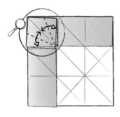 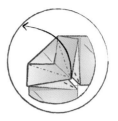  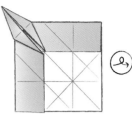

8.a Plegar los bordes de la base preliminar como si fuera una base pájaro (ver pág. 32). Dar la vuelta.

8.b

8.c

8.d

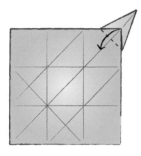 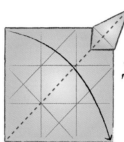 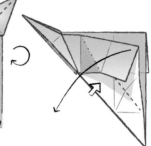 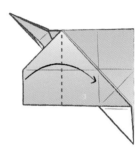

9. Bajar la esquina superior derecha de la solapa delantera.

10. Doblar por la mitad doblando en valle. Girar.

11. Abrir y aplastar la solapa superior derecha.

12. Doblar el borde izquierdo por la marca.

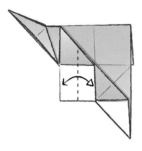 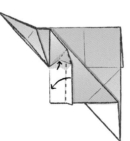 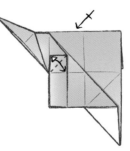 

13. Doblar la solapa delantera en valle. Desdoblar.

14. Abrir la solapa superior y doblar en valle para hacer la pata delantera.

15. Bajar la esquina superior izquierda de la pata. Desdoblar. Repetir los pasos 11-15 en el otro lado.

16. Doblar el borde derecho por las marcas.

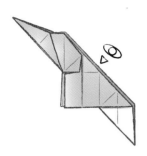

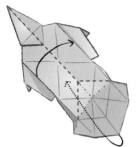

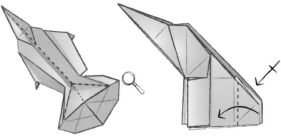

17.a Vista superior del modelo. Abrir cuidadosamente y hacer un pliegue invertido interno desde abajo. **Nota:** *Hundir la esquina trasera en la espalda cerrando el modelo.*

17.b

17.c

18. Doblar el borde derecho hacia la izquierda haciendo un nuevo pliegue. Repetir en el otro lado.

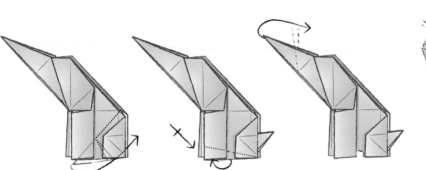

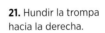

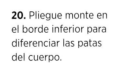

19. Hundir la esquina interior para hacer la cola.

20. Pliegue monte en el borde inferior para diferenciar las patas del cuerpo.

21. Hundir la trompa hacia la derecha.

22. Hundir la punta de la trompa.

¡BEBÉ ELEFANTE TERMINADO!

Ballena azul

Desde que visité la sección de vida marina del Museo Americano de Historia Natural de Nueva York, he querido diseñar una ballena como la que tienen en la sala central. Este modelo utiliza las dos caras del papel. Muchos modelos de papiroflexia utilizan el "cambio de color" para añadir profundidad y carácter.

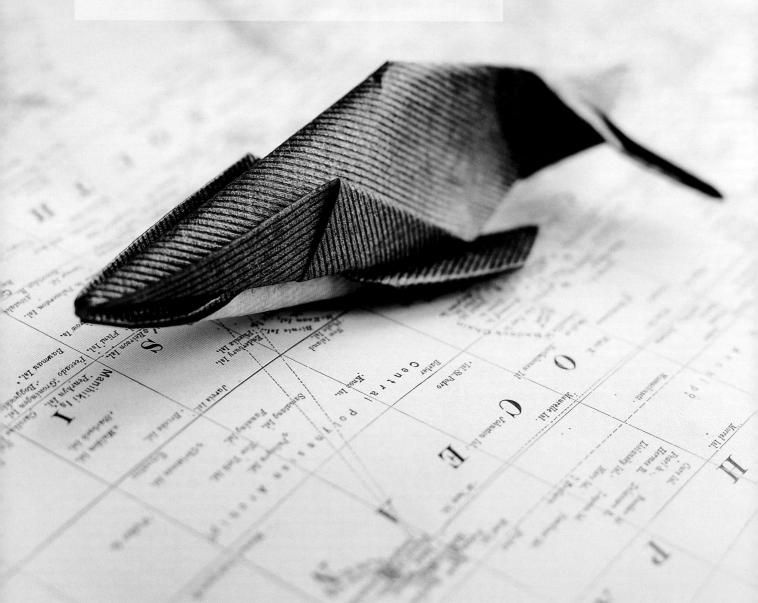

Papel: Este modelo gasta mucho papel por el cambio de color y las aletas pectorales. Debe utilizarse un cuadrado de 25 cm para obtener un modelo de 12,5 cm.

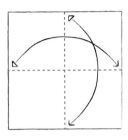

1. Doblar por la mitad juntando los bordes en ambas direcciones.

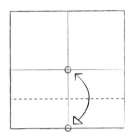

2. Doblar el borde inferior hasta el centro. Desdoblar.

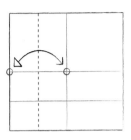

3. Doblar el borde izquierdo hasta el centro. Desdoblar.

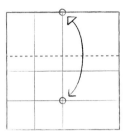

4. Doblar el borde superior hasta la marca. Desdoblar.

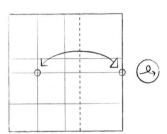

5. Doblar el borde derecho hasta la marca. Desdoblar. Dar la vuelta.

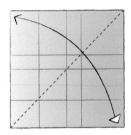

6. Doblar la esquina inferior derecha hasta la superior izquierda.

Nota: Las diagonales deben pasar por los vértices de los cuadrados.

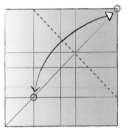

7. Doblar la esquina superior derecha hacia abajo. Desdoblar. Dar la vuelta.

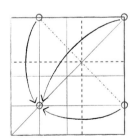

8. Doblar por las marcas para hacer una base preliminar (pág. 31).

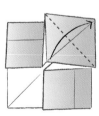

9. Doblar la esquina inferior izquierda hasta la superior derecha.

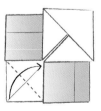

10. Doblar la esquina inferior izquierda hasta el centro.

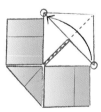

11. Doblar la esquina inferior derecha hasta la superior izquierda.

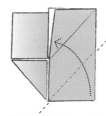

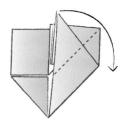

12. Subir la esquina inferior derecha. Desdoblar.

13.a Hundir la esquina inferior derecha.

13.b

14. Bajar la esquina superior hacia la derecha.

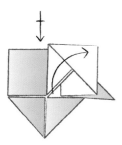

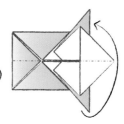

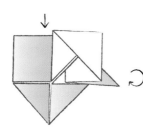

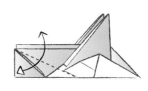

15.a Doblar la esquina inferior izquierda del cuadrado blanco por la diagonal. Repetir los pasos 12-15 en el lado izquierdo. Girar.

15.b

16. Doblar en monte por la mitad.

17.a Doblar la esquina inferior izquierda hacia arriba. Desdoblar hasta antes del paso 16.

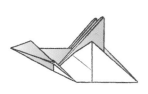

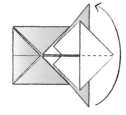

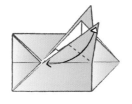

17.b

18. Llevar la esquina inferior hacia arriba.

19. Doblar la esquina de la solapa hacia abajo. Desdoblar.

20. Doblar el borde hasta la marca para hacer la aleta.

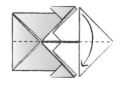

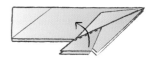

21. Bajar la esquina hacia abajo. Repetir los pasos 18-21 en lado superior.

22. Doblar por la mitad doblando en valle.

23. Levantar la solapa inferior.

24. Doblar la aleta por el borde del cuerpo.

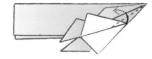

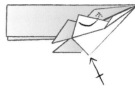

25. Doblar la solapa hacia arriba.

26. Doblar el borde derecho e introducirlo en el bolsillo.

27. Meter la solapa blanca dentro del bolsillo. Repetir los pasos 23-27 en el otro lado.

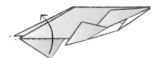

28. Hundir la esquina izquierda doblando por las marcas para hacer la cola.

29. Volver a hundir la cola.

30. Volver a hundir para terminar la cola.

Nota: *Dar forma aplastando la cola y redondeando el cuerpo desde el interior.*

¡BALLENA AZUL TERMINADA!

La mariposa de Michael

Michael LaFosse es un virtuoso de las mariposas, además de uno de los más importantes maestros norteamericanos de la papiroflexia. Suele nombrar sus distintas mariposas con los nombres de sus amigos, así que se me ocurrió poner su nombre a este modelo. Puede ser doblada con cualquier billete que tenga una proporción de 2x1.

Papel: Esta mariposa puede hacerse con distintos tipos de billetes. Las figuras de las fotografías están plegadas con distintos billetes chinos, aunque pueden plegarse con cualquier papel cuya longitud sea dos veces su anchura (2x1).

1. Llevar el borde inferior hasta el superior.

2. Doblar por la mitad doblando en valle. Desdoblar.

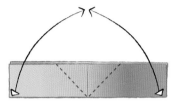

3. Doblar los lados derecho e izquierdo hacia arriba.

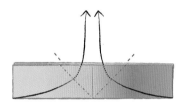

4. Hundir los lados doblando por las marcas.

5.a Doblar ambos lados hacia el centro.

5.b

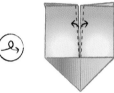

6.a Doblar los bordes centrales un poco en valle. Dar la vuelta.

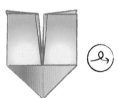

6.b

7. Doblar hacia abajo.

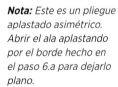 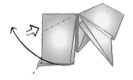

8.a Abrir y aplastar los lados.

Nota: *Este es un pliegue aplastado asimétrico. Abrir el ala aplastando por el borde hecho en el paso 6.a para dejarlo plano.*

8.b

   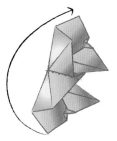

9. Doblar parte de
las solapas pequeñas
en valle.

Nota: *Meter las esquinas*
en el interior del ala.

10.a Hundir la solapa
central de las alas.

10.b

10c. Doblar en monte
para separar las alas.

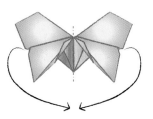  

11. Doblar todo el modelo
en monte.

12. Doblar el cuerpo
hacia abajo.

13. Abrir las alas
y el cuerpo.

14. Doblar en monte.

15. Doblar en monte
las esquinas inferiores
para trabar.

16. Abrir cuidadosamente
las alas y el cuerpo para
dar forma.

**¡MARIPOSA DE MICHAEL
TERMINADA!**

PLEGADO DE BILLETES

Si no tienes papel de papiroflexia, siempre puedes buscar en tu cartera y encontrar un trozo de papel de gran valor... ¡billetes! El plegado de billetes se ha convertido en una tendencia muy popular entre los aficionados. Con el aumento de diseñadores de figuras con billetes, el interés en este subgrupo ha crecido rápidamente. Won Park, de Hawai, es uno de los pioneros: sus detalladas creaciones siempre te dejan pensando cómo son posibles los pliegues. Su grupo on-line, Money Folders Unite (ver pág. 156), ofrece a sus miembros diagramas de muchos creadores, y también ayuda para el plegado.

La papiroflexia con billetes funciona mejor cuando tienes billetes nuevos. Normalmente los puedes obtener en cualquier banco: a veces deberás solicitarlos previamente, pero a menudo tendrán disponibles montones de billetes nuevos en la caja del banco, donde te los cambiarán encantados.

A veces la moneda extranjera tiene muchos más colores e imágenes que la americana, sin embargo, en la mayoría de los casos tienen diferentes proporciones que el dólar. La longitud es de dos veces el ancho (2x1).

Una vez que elijas los modelos para plegar con billetes, puedes usarlos para todo tipo de cosas. Se puede convertir en una manera más personal de regalar dinero en un cumpleaños o de dejar propina en tu restaurante favorito. ¡Adelante y a empezar!

El koala billete de dólar

Los estampados de los billetes pueden aprovecharse para conseguir un mayor efecto en el modelo. Este koala aprovecha el dibujo del billete de dólar para darle un aspecto más realista. Además, puede convertirse en una marioneta para el dedo.

1. Doblar las esquinas superiores hacia abajo.

2. Doblar el borde superior plegando por la parte inferior de las marcas. Desdoblar. Dar la vuelta.

3. Doblar el borde superior plegando por la intersección de las marcas. Desdoblar. Dar la vuelta.

4.a Doblar por las marcas para hacer una base bomba de agua (pág. 26). Dar la vuelta.

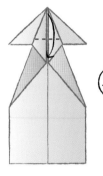

4.b

5. Doblar por la mitad. Desdoblar.

6. Doblar la esquina derecha e izquierda hasta el centro.

7. Doblar la esquina superior hacia abajo. Dar la vuelta.

Nota: *Darle la vuelta y presionar hacia abajo ayuda a este pliegue.*

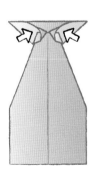
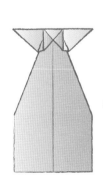
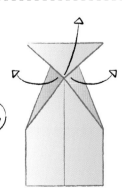

8.a Abrir y aplastar la parte superior.

8.b

9. Desdoblar las solapas.

10.a Doblar las esquinas derecha e izquierda por las marcas.

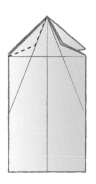

10.b

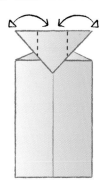

11. Doblar las esquinas superiores hacia el centro.

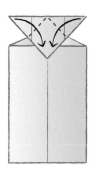

12. Doblar las esquinas superiores hacia abajo.

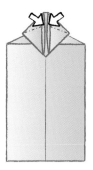

13. Abrir y aplastar los bolsillos izquierdo y derecho para hacer la cara.

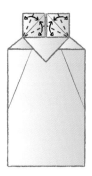

14. Doblar los lados de la cara. Desdoblar.

15. Doblar en valle las solapas delanteras de la cara.

16. Hundir los lados de la cara.

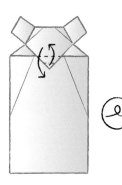

17. Hacer un pliegue escalonado para formar la nariz. Dar la vuelta.

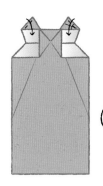

18. Hacer pliegues escalonados para formar las orejas.

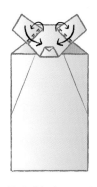

19. Doblar las esquinas superiores hacia abajo, luego de nuevo, pero más cortas que antes, para formar un pliegue para las orejas.

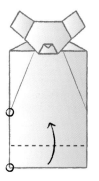

20. Doblar el borde inferior hacia arriba.

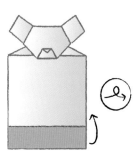

21. Doblar en monte por el borde del rectángulo. Dar la vuelta.

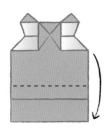 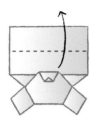 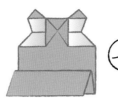 

22. Doblar el cuerpo por la mitad.

23.a Doblar la parte inferior hacia arriba. Dar la vuelta.

23.b

24. Doblar las esquinas del cuerpo hasta el centro. Desdoblar.

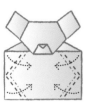 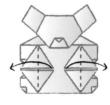  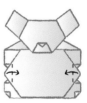

25. Hundir las esquinas del cuerpo y abrir hacia el centro.

26. Doblar las esquinas para diferenciar los brazos y piernas.

Nota: *Este pliegue consiste en dar forma más que en un verdadero pliegue.*

27. Doblar las solapas hacia afuera.

28. Doblar las esquinas hacia el centro.

29. Doblar las solapas hacia el centro.

30. Doblar los lados hacia dentro para dar forma.

Nota: *Los pliegues tienden a desdoblarse, por lo que hay que redondear los brazos y las piernas.*

¡KOALA CON BILLETE DE DÓLAR TERMINADO!

Modelos
medianos

La papiroflexia no es solo entretenida, sino que también puede ser práctica. Cajas, cuencos y otros objetos útiles pueden ser fáciles de hacer. En esta sección te animo a ir más allá de la papiroflexia típica y experimentar con interesantes y nuevos materiales: viejas revistas, catálogos o calendarios. Hay muchos modelos divertidos que pueden crearse solo con un poco de imaginación y no tienen que costar mucho para ser especiales.

Caja Masu
de telaflexia

La telaflexia, como su nombre indica, consiste en plegar tela para crear modelos. Este diseño de telaflexia utiliza tela de encuadernar. La tapa y la caja están plegados de la misma forma, pero la tapa está hecha con un cuadrado un 5% más grande que la base.

Papel: Si no tienes tela de encuadernar o quieres utilizar otro tipo de tela, puedes pegarla a un papel con pegamento en aerosol. Esta caja resulta tres cuartas partes más pequeña que el tamaño original del papel, así que lo mejor es usar un cuadrado de al menos 25 cm.

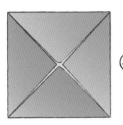 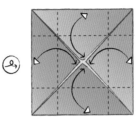 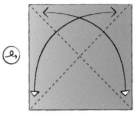

1. Comenzar con una base blintz (pág. 28). Dar la vuelta.

2. Doblar las diagonales en ambas direcciones. Desdoblar. Dar la vuelta.

3. Doblar todos los lados hasta el centro. Desdoblar.

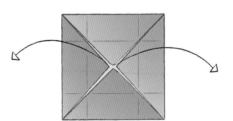 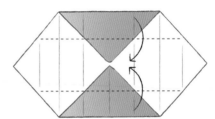

4. Desdoblar las esquinas izquierda y derecha.

5. Doblar el lado superior e inferior hacia el centro.

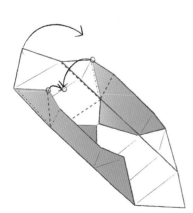 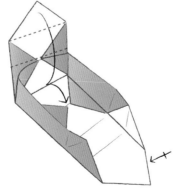 

6. Doblar el lado izquierdo perpendicularmente plegando por las marcas.

7. Doblar el lado izquierdo hacia abajo plegando por las marcas. Repetir los pasos 6 y 7 en el lado derecho.

¡CAJA MASU DE TELAFLEXIA TERMINADA!

Cuencos

Estos cuencos, fáciles y rápidos de hacer, tienen un borde rectangular que mantiene su forma. Si ya has plegado algunos de los modelos de la sección "Modelos pequeños", estos otros te enseñarán lo versátiles que pueden llegar a ser las bases tradicionales.

Papel: Se puede intentar doblar los cuencos con cualquier papel, pero uno fuerte es lo mejor si vas a utilizarlos. De un cuadrado de 21 cm de una revista se obtiene un cuenco de tamaño medio; y un cuadrado de 30 cm proporciona un bonito y gran cuenco.

CUENCO CON PATAS (PÁGINA ANTERIOR ARRIBA)

 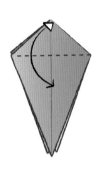 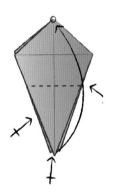 

1. Comenzar con una base pájaro (pág. 32). Bajar las puntas.

2. Doblar la esquina superior hacia abajo. Desdoblar.

3. Doblar la solapa inferior hacia arriba. Repetir los pasos 2 y 3 en las otras 3 solapas.

4.a Vista del modelo desde abajo. Abrir el centro con cuidado, aplastando las esquinas interiores.

Nota: *Las solapas quedarán "trabadas" cuando abras el modelo. La distancia del doblado del paso 3 determina la longitud de las patas.*

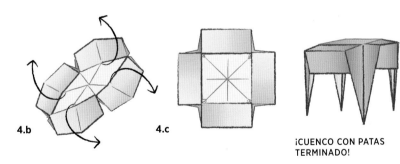

4.b

4.c

¡CUENCO CON PATAS TERMINADO!

CUENCO (PÁGINA 90 CENTRO)

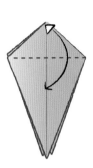

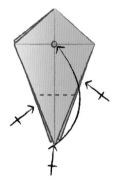

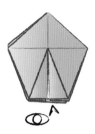

1. Comenzar con una base pájaro (pág. 32). Bajar las puntas.

2. Doblar la esquina superior hacia abajo. Desdoblar.

3. Doblar la solapa inferior hasta la marca. Repetir los pasos 2 y 3 en las otras 3 solapas.

4.a Vista del modelo desde abajo. Abrir el centro con cuidado, aplastando las esquinas interiores.

Nota: *Las solapas quedarán "trabadas" cuando abras el modelo.*

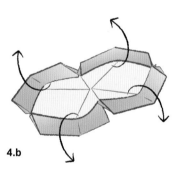

4.b

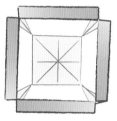

4.c

¡CUENCO TERMINADO!

CUENCO DELUXE (FOTOGRAFÍA SUPERIOR Y EN LA PÁGINA 90 ABAJO)

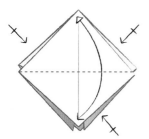 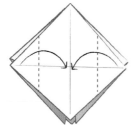  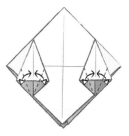

1. Comenzar con una base preliminar (pág. 31) con el lado blanco hacia afuera. Doblar la esquina inferior hacia arriba. Desdoblar. Repetirlo en los 3 lados restantes.

2. Doblar los lados hasta el centro.

3. Abrir y aplastar el lado izquierdo y el derecho.

Nota: *Esto creará una parcial base rana (ver pág. 33).*

4. Doblar los lados al centro. Desdoblar.

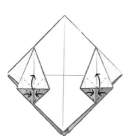 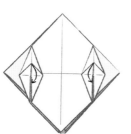 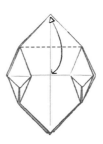 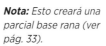 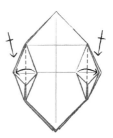

5. Levantar los bordes llevando los laterales hacia el centro.

6. Doblar los triángulos hacia abajo. Repetir los pasos 3-6 en el otro lado.

7. Doblar la esquina superior hasta el centro. Desdoblar.

8. Doblar las solapas en valle. Repetir los pasos 7-8 en el lado contrario.

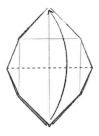 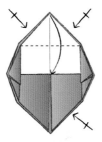  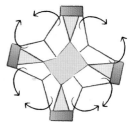

9. Doblar la esquina delantera hacia arriba.

10. Bajar la esquina superior hacia abajo. Repetir los pasos 9-10 en los otros 3 lados.

11.a Vista inferior del modelo. Abrir el cuenco con cuidado y darle forma doblando por las marcas.

11.b

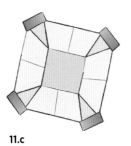 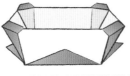

11.c

¡CUENCO DELUXE TERMINADO!

Orquídea con papel de acuarela

Hay muchas opciones de presentación de las orquídeas una vez que aprendes a plegar la flor. Puedes montarlas como en la fotografía, usando alambre para flores y cinta. Simplemente "plántalas" en una maceta usando esponja de floristería y añade algunas hojas de seda (o papel) para reproducir un centro floral. Si envolver el alambre te parece mucho trabajo, puedes comprarlos ya hechos en la mayoría de las tiendas de manualidades y pegarles las flores de papel usando pegamento.

Papel: El papel de acuarela se encuentra en muchos tamaños, gramajes y texturas. Para este modelo el mejor es uno fino. Un cuadrado de 20 cm hará una orquídea de tamaño real.

 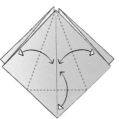 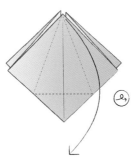 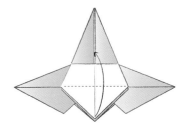

1. Comenzar con una base preliminar (pág. 31). Doblar la esquina superior hacia abajo. Dar la vuelta.

2.a Doblar los lados y la esquina inferior hacia el centro. Desdoblar.

2.b Bajar la esquina superior llevando los bordes hacia el centro. Una vez terminado, volver a subir la esquina. Dar la vuelta.

3. Doblar los lados izquierdo y derecho hasta el centro. Desdoblar.

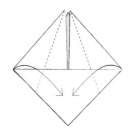 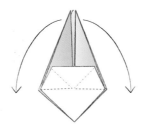 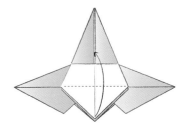

4. Hundir los lados doblando por las marcas.

5. Abrir y doblar hacia abajo las puntas de los lados.

6. Doblar la esquina hacia arriba tanto como sea posible.

 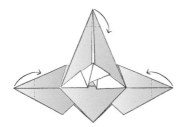 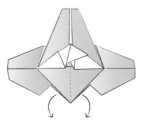

7. Doblar las solapas para hacer una solapa perpendicular en el centro.

8. Plegar en monte la esquina superior, la derecha y la izquierda.

9. Doblar en monte el triángulo inferior.

Nota: *Experimenta dando diferentes formas a los pétalos.*

¡ORQUÍDEA DE ACUARELA TERMINADA!

PLEGADO HUMEDECIDO

Después de terminar el modelo puede pintarse con acuarelas y darle forma al papel mojado. Esta técnica se llama "plegado humedecido", que consiste en mojar ligeramente el papel para ayudar a darle forma. Cuando el papel se humedece, las fibras se expanden y cambian, lo que permite crear curvas y formas suaves. Cuando el papel se seca de nuevo, se vuelve más fuerte y rígido que antes. Esta técnica es muy popular entre muchos artistas del papel, como Ros Joyce o Michael LaFosse.

Shivanni la jirafa

Shivi y yo nos hicimos amigos rápidamente debido a nuestro interés común por la moda y por las cosas brillantes y ostentosas (ella suele diseñar ropa para Nicky Hilton). Su mote es Shivanni la Jirafa porque ella era la más alta de todos, así que decidí dedicarle este modelo a ella.

Papel: El modelo de la fotografía parte de un cuadrado de 30 cm con el que se obtiene una jirafa de 20 cm de alto. Puedes intentar hacerla con papeles decorados o hechos a mano, pero asegúrate de que es lo suficientemente rígido para que el cuello se sostenga.

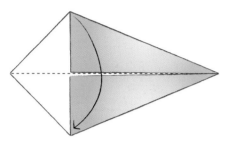

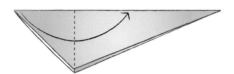

1. Comenzar con una base cometa (pág. 26). Doblar por la mitad.

2. Doblar la esquina izquierda hacia la derecha.

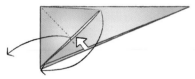

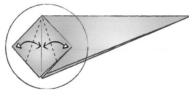

3. Abrir y aplastar la solapa triangular.

4. Doblar los lados izquierdo y derecho hasta el centro. Desdoblar.

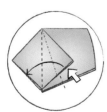

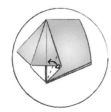

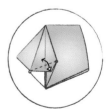

5. Abrir y aplastar el lado derecho para hacer una parte de la base rana (ver pág. 33).

6. Doblar el lado inferior derecho hacia el centro. Desdoblar.

7. Hundir el lado inferior derecho.

Nota: *Hay que doblar por la marca, pero a su vez crear otro.*

8. Doblar la esquina inferior hacia arriba. Desdoblar.

9. Hundir la solapa doblando por la marca. Repetir los pasos 6-9 en el lado izquierdo.

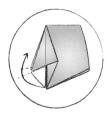

10. Hundir el triángulo entre las dos solapas para hacer la cola.

Nota: *Utilizar el borde inferior como referencia.*

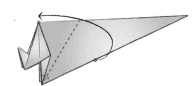

11. Doblar la punta hacia la izquierda.

12.a Doblar la punta hacia la derecha. Desdoblar hasta el paso 11.

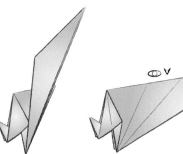

12.b

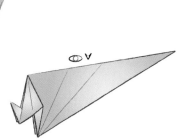

13.a Vista superior del modelo. Hacer un pliegue invertido externo doblando dos veces por las marcas.

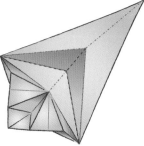

13.b

14. Doblar la punta hacia la derecha. Desdoblar.

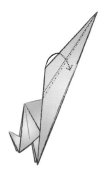

15. Abrir y hundir el lado izquierdo doblando por las marcas.

16. Doblar la punta hasta la esquina interior. Desdoblar.

17. Abrir la parte superior y aplastar para hacer la cabeza.

18. Hacer un pliegue escalonado.

19. Plegar en monte la esquina para hacer el morro.

20. Volver a cerrar las solapas.

¡SHIVANNI LA JIRAFA TERMINADA!

Vestido
de novia

Aunque no se puede poner, este
vestido imita a la perfección la
forma de un vestido de novia.
Es una variación de un modelo
que inventé para una campaña
publicitaria. Esta versión es un
poco más elegante y queda muy
bien si la doblas con servilletas
para una cena con invitados.

Papel: El vestido de la fotografía está plegado con un cuadrado de 30,5 cm. Este modelo también puede hacerse con servilletas de tela, aunque se recomienda no hacer los pliegues de la cintura.

  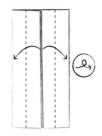 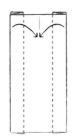

1. Doblar de izquierda a derecha, pero solo marcar la parte superior. Desdoblar.

2. Usando las marcas, doblar ambos lados hasta el centro.

3. Doblar los bordes hacia los lados. Dar la vuelta.

4. Doblar los lados hasta el centro. Desdoblar hasta el cuadrado.

Nota: *El papel está ahora dividido en ocho partes.*

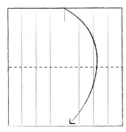 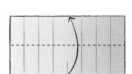 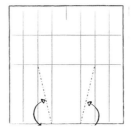 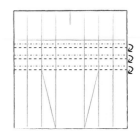

5. Doblar la parte superior hasta la inferior.

6. Doblar el borde inferior hasta el superior. Desdoblar hasta volver al cuadrado.

7. Doblar en monte por las esquinas de las marcas. Desdoblar.

8. Hacer pliegues escalonados.

Nota: *Comenzar doblando en valle la marca central y hacer pliegues escalonados. Hay que hacer seis pliegues tal y como muestra el diagrama.*

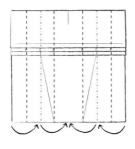  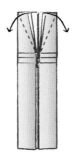 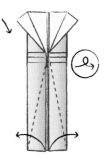

9. Doblar por las marcas verticales.

10. Doblar las solapas superiores en valle.

11. Doblar las solapas superiores hacia afuera.

12. Doblar las solapas hacia afuera para hacer la parte inferior del vestido. Dar la vuelta.

  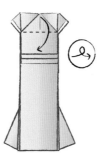 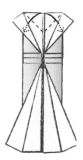

13. Doblar las esquinas superiores hasta el centro. Desdoblar.

14. Hundir las esquinas superiores.

15. Doblar la esquina hacia abajo. Dar la vuelta.

16. Doblar hacia abajo las esquinas superiores, introduciéndolas detrás de las capas.

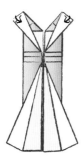   

17. Doblar ligeramente la parte superior de los tirantes.

18. Doblar las solapas inferiores del vestido por las marcas del paso 7.

Nota: *Al hacer los pliegues escalonados, el modelo se vuelve tridimensional. Aplastar para dejarlo plano.*

19.a Aplastar las esquinas laterales que hay en el centro del vestido.

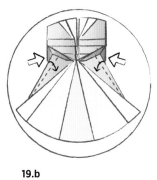

19.b

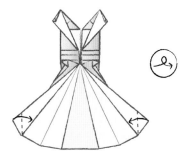

20. Doblar las esquinas inferiores hacia el centro.

¡VESTIDO DE NOVIA TERMINADO!

MÓVILES

La papiroflexia es genial para hacer móviles. He hecho móviles de estrellas, copos de nieve, burbujas y animales. Un móvil simple solo requiere un par de cosas además de papel: algunos hilos y paquetes de comida china para llevar. Sí, ¡comida para llevar! No usarás realmente los paquetes, tan solo el asa de alambre de la parte superior. La forma es ideal para un móvil y las puntas dobladas hacen fácil colgar los modelos de papel.

Primero, cose hilo o nailon transparente en el centro del modelo y anuda el otro extremo del hilo al alambre. Algunos modelos requerirán dos puntos de sujeción (cabeza y cola) para un mejor equilibrio. Equilibrar un modelo a veces puede requerir varias pruebas y errores hasta encontrar el equilibrio.

Para nivelar el móvil intenta mover los hilos, con los modelos colgados, hacia arriba y abajo hasta encontrar el equilibrio. Cuando lo encuentres, aplica un poco de pegamento en el hilo que se une al alambre para mantenerlo fijo y prevenir que se deslice hacia abajo. A veces, añadir cuentas o cristales debajo de los modelos ayudará a equilibrarlos, y también les permitirá moverse y rotar de una forma más interesante. El equilibrio visual del móvil al completo es también importante. Prueba diferentes tamaños de alambres para hacer tu propio móvil de papiroflexia.

Corazón mensajero alado

Hay muchos corazones de papiroflexia. ¡Incluso hay muchos con alas! Esta es mi versión, un modelo que usa las dos caras del papel para hacer las alas y el corazón de diferente color. Además, incluye un bolsillo que puede utilizarse para meter un mensaje dirigido a la persona por la que te late el corazón.

Papel: Es necesario un papel de diferente color en cada cara. Se ha utilizado un cuadrado de 25,5 cm para el corazón más grande de la fotografía. Por supuesto, puede doblarse con un papel más pequeño, de 10 o 12,5 cm, para usarlo como tarjeta de felicitación.

 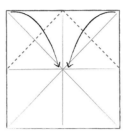 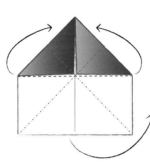 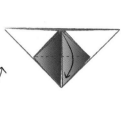

1. Comenzar con una base bomba de agua (pág. 26) con la cara blanca hacia arriba. Desdoblar hasta el cuadrado.

2. Doblar las esquinas superiores hasta el centro.

3. Doblar una base bomba de agua, manteniendo los pliegues del paso 2.

4. Doblar la esquina superior hacia abajo.

5. Doblar las esquinas superiores hacia abajo. Desdoblar.

6.a Hundir las esquinas superiores. Dar la vuelta.

6.b

7. Doblar el borde superior hacia abajo.

  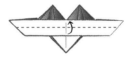 

8. Doblar la solapa izquierda y derecha hacia dentro.

Nota: *Los bordes no se alinean con el centro del triángulo (ver el paso 9).*

9. Doblar el borde inferior hacia arriba.

10. Doblar la solapa por la mitad.

11. Desdoblar hasta el paso 9.

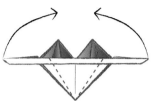

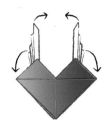

12. Hacer pliegues escalonados.

Nota: Ya hay cuatro pliegues, por lo que solo hay que hacer 4 nuevos pliegues para dividirlo en octavos. Se recomienda comenzar con el pliegue valle inferior e ir subiendo.

13.a Doblar las alas hacia arriba. Dar la vuelta.

13.b

14. Desplegar cuidadosamente las alas.

¡CORAZON MENSAJERO CON ALAS TERMINADO!

Portafotos modular

Seguramente tendrás viejas fotografías metidas en cajones.
Este modelo permite aprovecharlas para decorar tu escritorio.
Doblar estas simples formas modulares es fácil y divertido;
además, puedes hacer un bonito regalo.

Papel: Una figura modular consiste en doblar varias piezas que se entrelazan para formar una figura mayor. En este caso deben doblarse seis fotografías de 10 x 15 cm, que darán lugar a un portafotos de 14 cm. Este proyecto también puede hacerse con tarjetas, postales o fotos de 12,5 x 18 cm.

MÓDULO (HACER 6)

 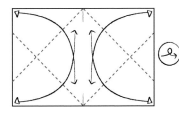 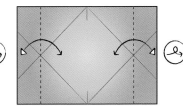

1. Doblar por la mitad, marcando solo arriba y abajo. Desdoblar.

2. Doblar las esquinas superiores e inferiores usando las marcas. Desdoblar. Dar la vuelta.

3. Doblar los lados hacia el centro. Desdoblar. Dar la vuelta.

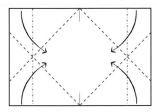 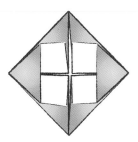

4. Doblar los lados plegando por las marcas.

Nota: *Este paso es similar a una base bomba de agua (pág. 26).*

¡MÓDULO TERMINADO!

Nota: *Hacer 5 unidades más antes de ensamblarlo.*

ENSAMBLADO DE LOS MÓDULOS

1.a Insertar las esquinas (superior e inferior) en los bolsillos (izquierdo y derecho) siguiendo los diagramas de la página siguiente.

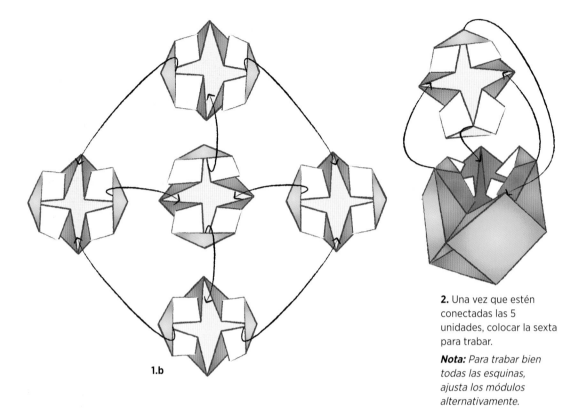

1.b

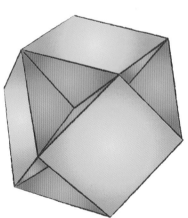

2. Una vez que estén conectadas las 5 unidades, colocar la sexta para trabar.

Nota: *Para trabar bien todas las esquinas, ajusta los módulos alternativamente.*

PAPIROFLEXIA MODULAR

La papiroflexia modular consiste en plegar varias veces el mismo módulo y unirlos sin pegamento. Existen multitud de formas y no solo se usan fotos, sino también catálogos o postales. Los módulos quedan unidos debido a que el papel queda "trabado" —los papeles se entrelazan sin que puedan desplegarse—. Cuando se construye un modular, la pieza más difícil de colocar es la última, por lo que hay que practicar para que cada vez sea más fácil.

¡PORTAFOTOS MÓDULAR TERMINADO!

Brazalete con publicidad

Esta forma de doblar les resultará familiar a aquellos que hicieron pulseras con tiras de plástico de colores en la escuela. Puede usarse papel de catálogos, publicidad, hojas de revistas o cualquier otro. Además de una pulsera, pueden unirse varias tiras para formar un brazalete.

Papel: Para un brazalete de tamaño normal es mejor comenzar con pequeñas tiras de aproximadamente 4 x 8,5 cm. Para un brazalete más ancho, utilizar tiras de 7,5 x 8,5 cm. El tamaño de las tiras que se usan para entrelazar los módulos depende de cuántos módulos se quiera unir. Solo hay que acordarse de hacer las tiras lo suficientemente largas para que atraviesen todo el brazalete y que quede papel para trabar.

MÓDULO DEL BRAZALETE CON PUBLICIDAD (HACER 15 O 20)

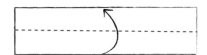

1. Doblar hacia arriba por la mitad.

2. Doblar por la mitad. Desdoblar.

3. Doblar el lado izquierdo y el derecho hacia el centro.

Nota: *Los lados no deben llegar al centro.*

4. Doblar hacia la izquierda por la mitad.

¡MÓDULO DEL BRAZALETE TERMINADO!

Nota: *Hacer 14 a 19 módulos más antes de empezar el ensamblado.*

ENSAMBLADO DEL BRAZALETE DE PUBLICIDAD

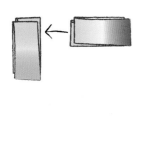

1. Deslizar un módulo dentro de otro, asegurándose de introducir los bordes de uno de ellos por los huecos del otro.

2.a Repetir el proceso hasta alcanzar la longitud deseada.

2.b

2.c

3. Para un brazalete de una sola tira, introducir una larga tira en el bolsillo del último eslabón. Dar forma de círculo a la cadena e insertar el papel en el bolsillo del otro extremo. Doblar la tira sobre sí misma e introducirla en un bolsillo para trabar.

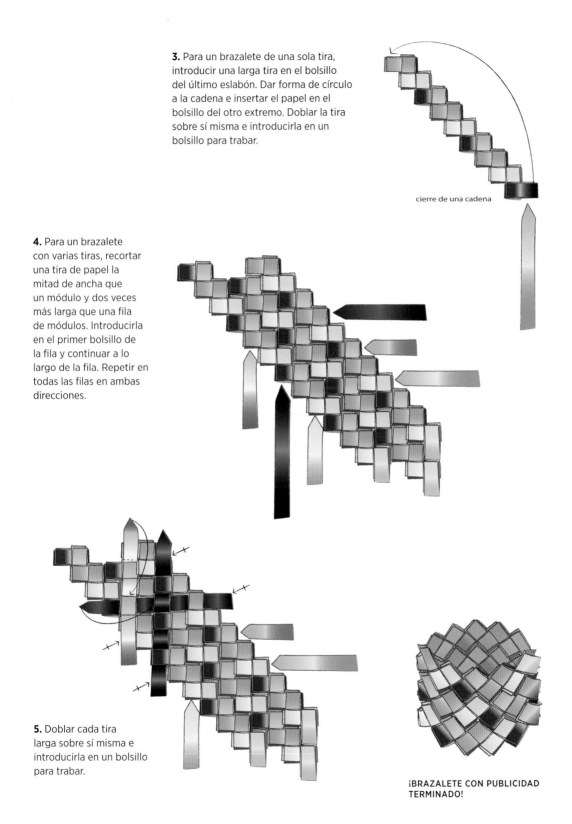

cierre de una cadena

4. Para un brazalete con varias tiras, recortar una tira de papel la mitad de ancha que un módulo y dos veces más larga que una fila de módulos. Introducirla en el primer bolsillo de la fila y continuar a lo largo de la fila. Repetir en todas las filas en ambas direcciones.

5. Doblar cada tira larga sobre sí misma e introducirla en un bolsillo para trabar.

¡BRAZALETE CON PUBLICIDAD TERMINADO!

ÁRBOL DE PAPIROFLEXIA

He trabajado varios años en el árbol de Navidad del Museo de Historia Natural de Nueva York. Hay mucho trabajo involucrado en un árbol de papiroflexia de esas dimensiones, pero también es una experiencia muy divertida y gratificante.

Hay que trabajar cada detalle cuidadosamente y se invierte mucho tiempo en elegir los papeles correctos para el árbol del museo. Los modelos realizados con colores oscuros, así como los hechos en un color verde que coincida con el del árbol no son adecuados. Los papeles con texturas quedan bien, pero los estampados con decoraciones profusas no son los ideales, a menos que el estampado contribuya al tema del modelo. Tendemos a escoger papeles con colores sólidos, con fibras visibles y brillos. Puede usarse el papel kami, pero se corre el riesgo de que las piezas parezcan demasiado sosas o de que se arruguen.

La iluminación también es un componente clave. Si estás haciendo un árbol de papiroflexia, te sugiero que no uses luces interiores de ninguna manera. La luz que viene del interior del árbol puede distraer la atención y hacer que la gente no sea capaz de ver el duro trabajo que ha supuesto plegar los modelos. Recomiendo usar focos de luz. Se pueden encontrar en cualquier tienda de iluminación o en la mayoría de centros comerciales. Realmente marcan la diferencia.

Antes de la instalación, se debe revisar cada modelo para comprobar su calidad y asegurarse de que está suficientemente bien plegado para que dure durante toda la exposición del árbol. Nosotros usamos alambre forrado de verde en lugares estratégicos de los modelos para que se puedan sostener en el árbol sin que se vean los alambres. Los modelos que están colgados tienen que atarse y los móviles han de construirse y equilibrarse adecuadamente para colgarlos de los ganchos que están en las ramas.

Una vez que se desinstala el árbol, los modelos que se pueden usar otra vez se empaquetan individualmente con papel de seda y se guardan para otro año. Se ha convertido en una tradición reutilizar en el árbol los modelos de años anteriores, así hay una mezcla de viejo y nuevo.

Si quieres hacer tus propios adornos para el árbol, hay muchas posibilidades. Casi todos los modelos de este libro se pueden adaptar como adorno añadiéndoles un hilo a la parte trasera. En las páginas siguientes hay un par de proyectos diseñados para hacer de adornos.

En el año 2007, la temática del árbol fueron las criaturas fantásticas.

FANTASTIC CREATURES
MYTHIC & REAL

Ángel ornamental

Este adorno es uno de mis favoritos para los árboles de Navidad. Su forma simple hace que la luz logre bonitos reflejos en su superficie. Si se hace del tamaño adecuado, queda perfecto en lo más alto del árbol.

Papel: Para el ángel es preferible papel estampado, aunque un papel metalizado hace que los brillos destaquen la figura. Los modelos de las fotografías están hechos con un papel de 20,5 cm.

ÁNGEL ORNAMENTAL

 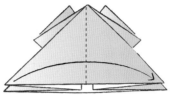 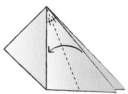

1. Comenzar con una base bomba de agua (pág. 26). Doblar las esquinas inferiores hacia arriba. Dar la vuelta.

2. Doblar por la mitad hacia la derecha.

3. Doblar el borde derecho hasta el centro.

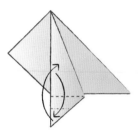 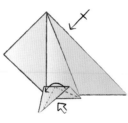 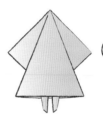 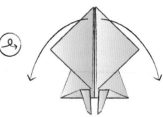

4. Hacer un pliegue escalonado para formar una pierna.

5.a Realizar un pliegue pivotante en la esquina para hacer más fina la pierna. Doblar la solapa hacia la izquierda y repetir los pasos 3-5 en la otra solapa. Dar la vuelta.

5.b

6. Abrir las solapas.

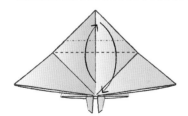  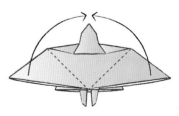

7. Hacer un pliegue escalonado en la esquina superior.

8. Pliegue invertido interno en las esquinas inferiores del triángulo superior.

9. Doblar la esquina derecha y la izquierda a lo largo de las marcas para hacer las alas.

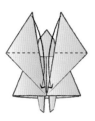 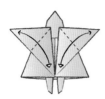 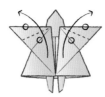 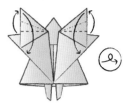

10. Doblar la parte superior de las alas hacia abajo.

11. Doblar la parte inferior de las alas hacia arriba.

12. Doblar juntando la marca con el borde.

13. Hacer pliegues escalonados en las alas para simular las plumas.

 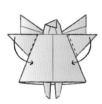 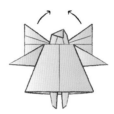 

14. Doblar la esquina superior hacia abajo para hacer el pelo.

15. Doblar las esquinas derecha e izquierda hacia delante para hacer los brazos.

16. Estirar para desplegar las alas.

17. Doblar el centro del cuerpo en monte para moldear el cuerpo.

Nota: *Empujar desde atrás para redondear el cuerpo.*

¡ÁNGEL ORNAMENTAL TERMINADO!

Estrella
luminosa

Esta estrella es un gran modelo, porque puede verse desde todos los ángulos y ensamblarse para formar una más grande. La sutil belleza de este adorno mejorará la apariencia del árbol de Navidad.

Papel: Para el módulo se recomienda un papel de 12,5 cm para un adorno de 7,5 cm. Una vez ensamblado, la estrella medirá 12,5 cm.

MÓDULO DE LA ESTRELLA (HACER 12)

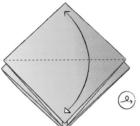

1. Comenzar con una base preliminar (pág. 31). Doblar por la mitad. Desdoblar. Dar la vuelta.

2. Doblar las esquinas laterales hasta el centro. Desdoblar.

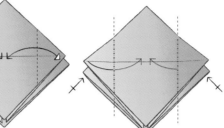

3. Hundir las esquinas derecha e izquierda. Repetir los pasos 2 y 3 en el otro lado

4. Doblar las diagonales en ambas direcciones.

5. Doblar la esquina inferior hacia arriba.

6. Hundir las esquinas inferiores.

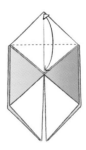

7. Doblar la esquina superior hacia abajo. Desdoblar.

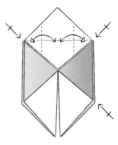

8. Doblar los lados hasta el centro. Desdoblar. Repetir los pasos 4-8 en los tres lados restantes.

Nota: *Cuando deje de plegar y suelte el modelo, este debería desdoblarse naturalmente hasta quedar como se ve aquí.*

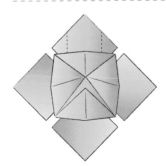

¡ESTRELLA LUMINOSA TERMINADA!

Nota: *Hacer 11 módulos más antes de empezar a ensamblar. Para hacer más fácil el ensamblado, doblar las esquinas laterales hacia dentro. Desdoblar.*

ENSAMBLADO DE LA ESTRELLA LUMINOSA

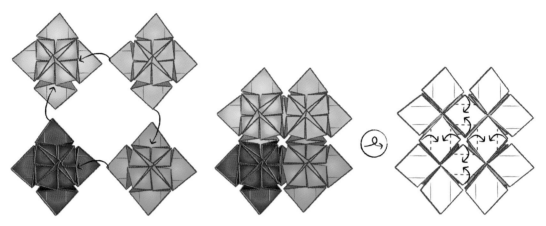

1.a Insertar la lengüeta de una estrella en el bolsillo de la otra. Repetir hasta conectar 4 estrellas. Dar la vuelta.

1.b Doblar las esquinas para trabar las estrellas.

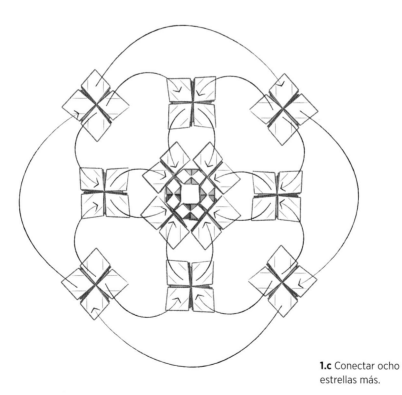

1.c Conectar ocho estrellas más.

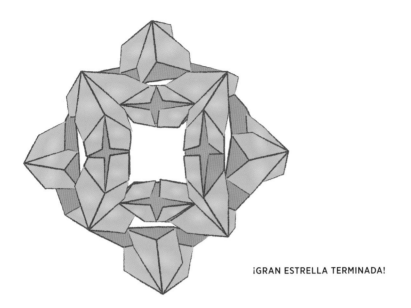

¡GRAN ESTRELLA TERMINADA!

Modelos grandes

Desde objetos útiles hasta obras de arte; hay muchas posibilidades una vez se ha aprendido a plegar cuadrados de papel más grandes. Para un episodio de *Extreme Makeover: Home Edition,* trabajé con un equipo de artistas para crear una habitación entera de papiroflexia, desde lámparas hasta el mobiliario. Aunque no tengas la ayuda de un equipo de papiroflectas, no te sientas intimidado por los modelos de esta sección. Si puedes doblarlos en pequeño, ¡puedes doblarlos en grande!

Plano de metro billetera

Mi amiga Tricia y yo probábamos con varios diseños hasta que de repente se me ocurrió esta billetera. Estaba tan contento que diseñé una línea entera de complementos hechos con viejos mapas del metro de Nueva York. Puedes comprar la billetera de papiroflexia en el Museo del Transporte de Nueva York.

Papel: Esta billetera puede ser doblada con papel de 44,5 x 40,5 cm, con lo que se obtiene una billetera de 10 x 10 cm. Puede utilizarse papel de calendarios o de bolsas de compras. Pueden laminarse o simplemente reforzarse las junturas con cinta adhesiva o de embalar (ver "Lamínalo tú mismo" en la página 131).

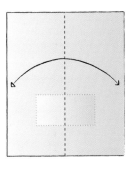

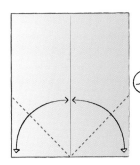

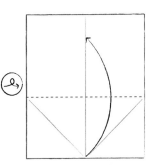

1. Doblar por la mitad. Desdoblar.

Nota: *El rectángulo azul indica la parte del papel que quedará hacia afuera una vez terminada la billetera.*

2. Doblar las esquinas inferiores hasta el centro. Desdoblar. Dar la vuelta.

3. Doblar hacia arriba doblando por la parte superior de la marca diagonal.

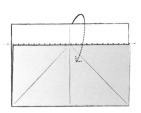

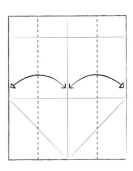

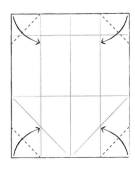

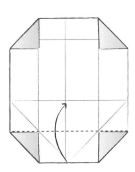

4. Doblar en monte por el borde de la solapa delantera. Desdoblar hasta el paso 3.

5. Doblar ambos lados hasta el centro. Desdoblar.

6. Doblar las esquinas hasta las marcas.

7. Doblar el borde inferior por la marca.

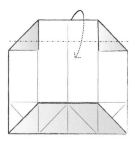 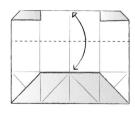 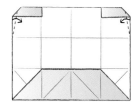 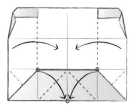

8. Doblar en monte por la marca.

9. Doblar el borde hasta la solapa inferior.

10. Doblar las esquinas superiores hacia dentro.

Nota: Comenzar desde la marca hacia arriba, pero sin llegar a la esquina superior.

11. Doblar los lados hacia el centro mientras se doblan hacia abajo las esquinas superiores de la solapa.

Nota: No hay que hacer nuevos pliegues.

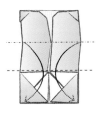

12.a Hacer un pliegue escalonado para introducir las esquinas en los bolsillos.

12.b

¡PLANO DE METRO BILLETERA TERMINADO!

LAMÍNALO TÚ MISMO

¡Las billeteras sufren un montón! Es normal que estemos continuamente sacando y metiendo la cartera del bolsillo muchas veces al día; y los monederos de mujer tienden a "flotar" en el bolso golpeados por todo tipo de cosas. Puede usarse un papel corriente para la cartera, aunque es conveniente reforzarla antes. Pero, ¿qué pasa si no tienes una máquina para laminar?

No te preocupes. El papel transparente para forrar repisas funciona bien, y lo puedes encontrar en tiendas de decoración, ¡hasta tiene incluso el tamaño perfecto! El ancho más común para este papel es de 45,5 cm. Ese tamaño es ideal para este proyecto, ya que el "plano de metro billetera" requiere 44,4 cm de laminado para cubrir la trasera del papel. Entonces puedes usar los 13 mm restantes para reforzar la unión central y las esquinas inferiores de la cartera.

Cuando vayas a aplicar cualquier tipo de laminado, es mejor medirlo antes de empezar. Una vez que lo hayas medido y cortado a su tamaño, quita el borde inferior de tu laminado y aplícalo a la parte inferior del papel. Ve quitando lentamente el papel trasero del laminado mientras trabajas. Si usas papel tapiz, se puede recolocar si no presionas muy fuerte al principio.

Bolso de papiroflexia

Estás preparándote para salir una noche y justo en ese momento no encuentras un bolso adecuado. ¿Por qué no plegarte uno que vaya a juego con tu ropa? Este innovador accesorio dará mucho que hablar. No necesita coserse o pegarse, ¡solo papel y tus manos!

Papel: Aunque cualquier tamaño sirve, debe tener unas proporciones de 2x1. En este caso se ha utilizado un papel de 61 x 122 cm, que da un bolso de unos 30,5 cm de largo.

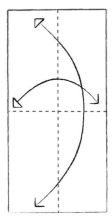

1. Doblar por la mitad juntando los bordes en ambas direcciones. Desdoblar.

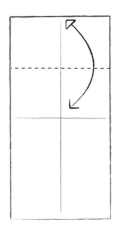

2. Doblar el borde superior hasta el centro. Desdoblar.

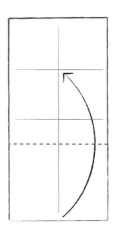

3. Doblar el borde inferior hasta la marca superior.

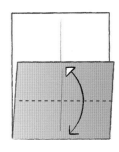

4. Doblar el borde de la solapa delantera hasta el borde inferior. Desdoblar.

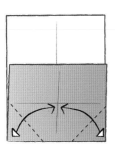

5. Doblar las esquinas inferiores hasta la intersección. Desdoblar.

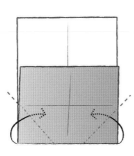

6. Hundir las esquinas inferiores.

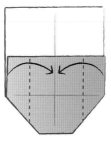

7. Doblar los lados de la solapa delantera hasta el centro.

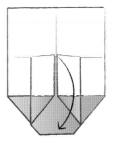

8. Doblar la solapa delantera hacia abajo por el borde.

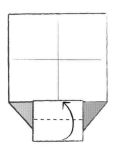

9. Doblar el borde inferior hasta el borde. Desdoblar hasta el paso 7.

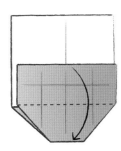

10. Doblar la solapa delantera hacia abajo plegando por la marca.

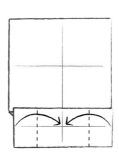

11. Doblar los lados de la solapa hasta el centro.

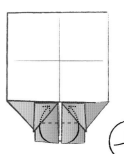

12. Doblar la solapa hacia arriba metiendo las esquinas en los bolsillos para trabar. Dar la vuelta.

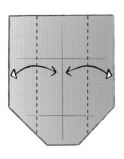 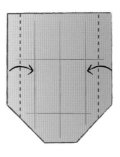 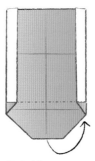 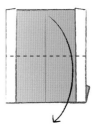

13. Doblar los lados hasta el centro. Desdoblar.

14. Doblar los lados hasta las marcas.

15. Doblar en monte la parte inferior, plegando por la parte superior de los triángulos.

16. Doblar hacia abajo doblando por la marca.

Nota: *El borde superior sobrepasará el borde inferior.*

   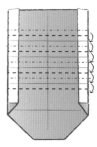

17. Doblar el borde inferior hacia arriba. Desdoblar.

18. Doblar el borde superior hasta la marca.

19. Doblar la solapa hacia abajo. Desdoblar hasta el paso 15.

20. Hacer pliegues escalonados de abajo arriba.

Nota: *Comenzar doblando en monte la segunda marca.*

21.a Doblar los lados por las marcas. Dar la vuelta.

21.b

22. Doblar las esquinas superiores hasta el borde de los pliegues escalonados.

23. Doblar la esquina superior hacia abajo.

24. Doblar la solapa hacia abajo para cerrar.

¡BOLSO DE PAPIROFLEXIA TERMINADO!

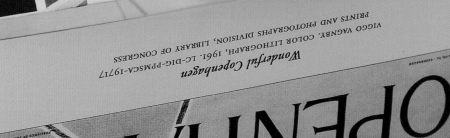

Caja con tapa

Este modelo se me ocurrió cuando trabajaba en el diseño de cajas para una compañía de productos de belleza. Aunque finalmente no fue el elegido, sigue siendo uno de mis preferidos. Todo el modelo se pliega con un solo papel, ¡incluida la tapa!

Papel: La caja de la fotografía es un ejemplo de reciclado (está hecha con papel de un viejo calendario de unos 30,5 x 61 cm). También puede hacerse con un papel cuadrado, aunque es recomendable hacerlo con uno de más de 25 cm.

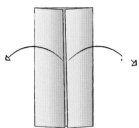 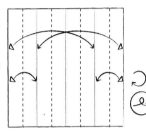 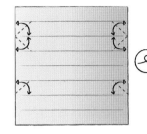

1. Comenzar con la base armario (pág. 28). Desdoblar.

2. Doblar por la mitad entre las marcas existentes. Desdoblar. Girar. Dar la vuelta.

3. Doblar diagonalmente entre las marcas. Dar la vuelta.

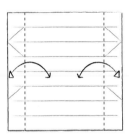 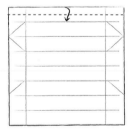  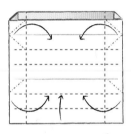

4. Doblar los lados por las marcas diagonales. Desdoblar.

5. Doblar el borde superior hasta la marca.

6. Doblar las esquinas superiores hasta el borde.

7. Doblar por las marcas.

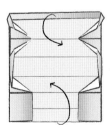 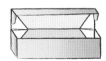

8. Doblar la parte inferior y la superior hacia dentro, utilizando las solapas para trabar.

Nota: *Aplasta por las marcas diagonales al mismo tiempo que doblas los lados. Yo comienzo desde abajo.*

¡CAJA CON TAPA TERMINADA!

Cabeza de ciervo

Inventé este modelo mientras trabajaba en un diorama
sobre safaris para el Museo Americano de Historia Natural.
En principio iba a ser una gacela, pero rediseñé la división
y forma de la cornamenta para convertirlo en un ciervo.

Papel: Para una cabeza lo suficientemente grande para colgarla en la pared (36 cm) debe utilizarse un papel de al menos 91 cm.

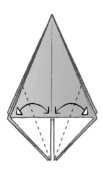

1. Comenzar con una base rana (pág. 33). Doblar los bordes inferiores hasta el centro. Desdoblar.

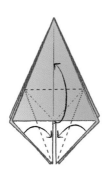

2.a Doblar el borde hacia arriba, llevando los laterales hasta el centro. Dar la vuelta.

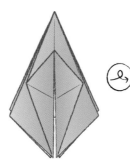

2.b

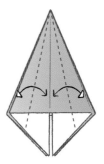

3. Doblar el borde izquierdo y el derecho hasta el centro. Desdoblar.

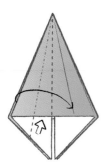

4. Abrir y aplastar la solapa izquierda doblando por las marcas.

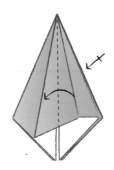

5. Doblar la solapa hacia la izquierda. Repetir los pasos 4 y 5 en el lado derecho.

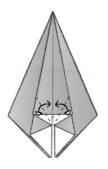

6. Doblar los bordes diagonales hacia el centro. Desdoblar.

7. Doblar el borde horizontal hacia arriba, llevando los laterales hasta el centro.

8. Doblar el triángulo hacia abajo.

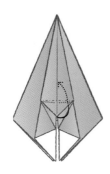

9. Hundir el triángulo hacia dentro.

10. Doblar los bordes diagonales inferiores hasta el centro. Desdoblar.

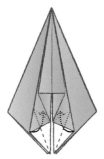

11. Hundir las solapas haciendo un nuevo pliegue desde las esquinas.

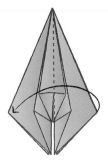

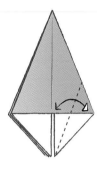

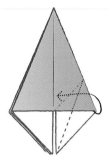

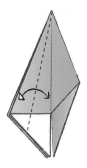

12. Doblar las solapas hacia la izquierda.

13. Doblar el borde diagonal inferior hasta el centro. Desdoblar.

14. Hundir el borde lateral comenzando desde el centro.

Nota: *El pliegue diagonal central es nuevo.*

15. Doblar el borde diagonal izquierdo hacia el centro. Desdoblar.

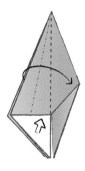

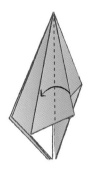

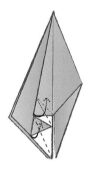

16. Abrir y aplastar la solapa izquierda doblando por las marcas.

17. Doblar la solapa hacia la izquierda.

18. Doblar los dos lados diagonales hasta el centro. Desdoblar.

19. Hundir los lados diagonales doblando desde las esquinas.

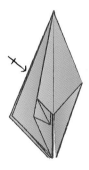

20.a Doblar las solapas hacia la derecha y repetir en el otro lado los pasos 13-19.

20.b Colocar el mismo número de solapas a cada lado.

21. Dar la vuelta. Girar 180°.

22. Doblar el triángulo hacia arriba para hacer la nariz.

 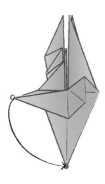 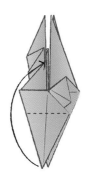 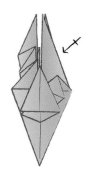

23. Doblar la esquina izquierda hacia abajo mientras se aplasta la punta larga superior.

24. Llevar la punta larga hacia abajo.

25. Doblar en valle para hacer una oreja.

26. Repetir los pasos 23-25 simétricamente.

  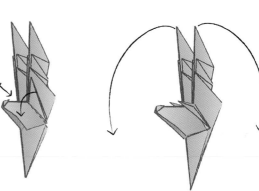

27. Dar la vuelta a la punta para hacer el hocico.

28. Doblar el modelo por la mitad. Abrir la cornamenta y dar forma a las orejas.

¡CABEZA DE CIERVO TERMINADA!

Lámpara Sakura

Diseñé esta lámpara como un kusudama –un tipo de módulo de
papiroflexia con el que pueden hacerse bolas, estrellas o esferas de muchas
piezas–. Me di cuenta de que con unidades suficientemente grandes, los
lados abiertos de este kusudama lo hacen ideal para hacer una lámpara
para bombillas LED. La mayoría de las luces LED no dan calor y son muy
seguras para utilizarlas con papel, pero verificarlo bien antes de instalar
cualquier luz dentro del modelo. ¡No utilices bombillas corrientes dentro
del modelo! Se podría calentar y provocar un incendio peligroso.

Papel: Puede encontrarse papel tratado contra el calor en tiendas especializadas.
Con cuadrados de 18 cm se obtiene la lámpara de la fotografía, de unos 33 cm.

MÓDULO SAKURA (HACER 30)

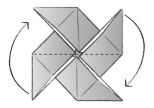 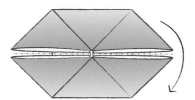 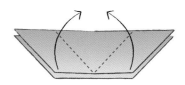

1. Comenzar con la base molinillo (pág. 30). Doblar la solapa derecha e izquierda en la dirección opuesta.

2. Doblar en monte por la mitad. ***Nota:*** *Las puntas deben quedar sueltas.*

3. Levantar la solapa izquierda y la derecha hacia arriba.

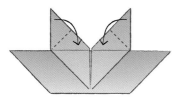  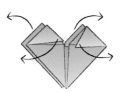

4. Doblar las esquinas superiores hacia abajo.

5. Repetir los pasos 3 y 4 en el otro lado.

6. Separar cuidadosamente las cuatro esquinas.

¡MÓDULO SAKURA TERMINADO!

Nota: *Doblar 29 módulos más antes de ensamblarlos.*

ENSAMBLADO DE LA LÁMPARA SAKURA

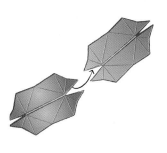

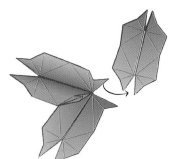

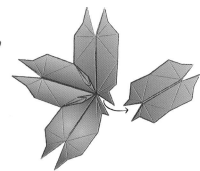

1. Insertar la solapa superior derecha de un módulo en el bolsillo superior izquierdo de otro.

Nota: *Hay que introducir el triángulo entero en el bolsillo. Una vez introducido, doblarlos juntos para que queden trabados.*

2.a Continuar hasta engarzar 5 módulos.

2.b

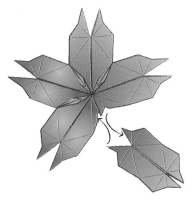

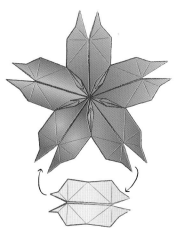

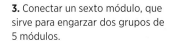

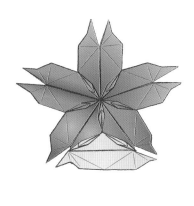

2.c

3. Conectar un sexto módulo, que sirve para engarzar dos grupos de 5 módulos.

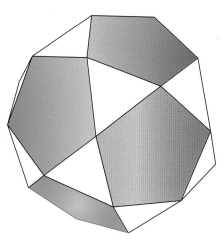

4. Seguir engarzando más grupos de
5 módulos hasta terminar el esquema
de la esfera.

PLEGADO DE MODELOS GRANDES

Las preguntas más comunes que me hacen como artista de papiroflexia son: ¿qué es lo más difícil que has plegado? y ¿cuál es el modelo más grande que has hecho? Mi respuesta a ambas preguntas es un dragón de 15 m con patas, alas y tres cabezas, realizado con 1.000 envoltorios de chicle. Afortunadamente no tuve que hacerlo solo. Fueron necesarias 75 personas durante dos meses, pero el resultado fue un espectacular árbol para el Museo Americano de Historia Natural de 2007, que puedes ver en la página 117.

Como se muestra en ese ejemplo, la papiroflexia "supergrande" se puede hacer de muchos trozos de papel más pequeños. Sin embargo, también hay disponibles papeles grandes. El papel más común que se utiliza para plegado "supergrande" es el papel continuo. Parece el típico papel de tarjetas blando y tiende a ser delicado, pero con el modelo apropiado puede ser impresionante. Puedes encontrar este papel en tiendas especializadas o en internet. Claro está que, con papel de este tamaño, será más fácil si tienes unas cuantas manos extras que te ayuden.

Tengas ayuda o no, el plegado de modelos supergrandes tiene mucho que ver con la planificación previa. Antes de intentar una versión supergrande, me aseguro siempre de estar tan familiarizado con el modelo que pueda plegarlo de memoria. Esto te ayuda a planificar el proceso y evita cometer grandes fallos.

Hay un par de diferencias más que notarás cuando intentes plegar por primera vez un modelo "supergrande". Por ejemplo, la extrema precisión con un modelo más pequeño no es siempre posible, así que relájate y preocúpate tan solo de plegar de la forma más precisa posible. Otra diferencia que seguro notarás es que a menudo debes utilizar todo tu cuerpo para plegar, ¡es casi como hacer origamiyoga!

Charlie la dinoardilla

Esta divertida criatura vio la luz cuando intenté diseñar un modelo de dinosaurio con una cola considerablemente larga. Estaba jugando con las proporciones de la cola cuando di con ella: ¡el modelo parecía más una ardilla que un dinosaurio! Ya que la papiroflexia puede ser la representación geométrica de cualquier objeto, insecto o criatura, decidí que salvaría a esta criatura tan tontorrona. Le puse Charlie por mi hermano, ¡que también puede ser bastante tontorrón!

Papel: Este modelo tiene una cola muy larga que requiere unas tres cuartas partes del tamaño del papel. Para hacer un modelo tan grande como el de la fotografía, es necesario un papel de al menos 1,40 m de papel continuo (disponible en tiendas especializadas).

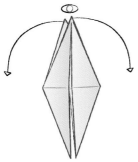

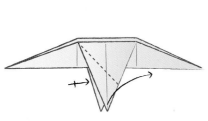

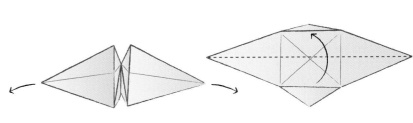

1.a Comenzar con una base pájaro (pág. 32). Tirar de las dos puntas superiores aplastando el centro hasta que quede plano.

Nota: *Esta modificación se denomina base pájaro estirada.*

1.b

2. Doblar por la mitad.

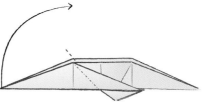

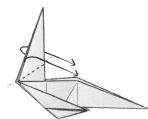

3. Doblar la solapa delantera hacia la derecha. Repetir en el otro lado.

4. Hundir el lado izquierdo.

5. Dar la vuelta a la punta.

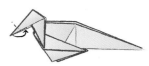

6. Abrir las esquinas izquierdas.
Nota: *Doblar ambas hacia abajo.*

7. Dar la vuelta a la punta superior para hacer la cabeza.

8. Meter la esquina izquierda en el interior para hacer el morro.

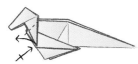

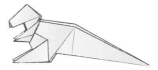

9. Doblar la punta pequeña hacia la cabeza para hacer el brazo. Repetir en el otro lado.

10. Doblar la punta grande hacia la cabeza para hacer la pata. Repetir en el otro lado.

DINOSAURIO TERMINADO

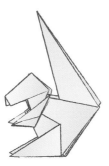

11. Hundir la punta derecha para levantar la cola.

¡CHARLIE LA DINOARDILLA TERMINADA!

El elefante Momma

La mayoría de los modelos de este libro se pueden hacer fácilmente en tamaño grande, pero ¡no te recomendaría hacer muchos de ellos tan grandes como este! Los diagramas para el elefante Momma son muy parecidos a los del Bebé elefante (página 70), que ya habrás plegado, pero con un par de pliegues extras para hacer las cosas más fáciles cuando llegues al final.

Papel: Este modelo es un 75% del tamaño del cuadrado original. Es decir, que se necesita un papel de 5,5 m si se quiere un elefante de 4 m como el de la fotografía. De todos modos, es recomendable no usar un papel de más de 122 cm si se quiere que el elefante se quede de pie sin refuerzo.

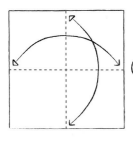 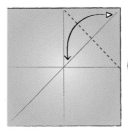 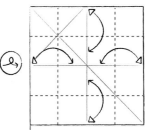 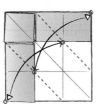 part

1. Doblar por la mitad juntando los bordes en ambas direcciones. Desdoblar. Dar la vuelta.

2. Doblar la esquina inferior derecha hacia la izquierda. Desdoblar.

3. Doblar la esquina superior izquierda hasta el centro. Desdoblar. Dar la vuelta.

4. Doblar los cuatro lados hasta el centro. Desdoblar.

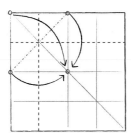 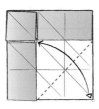 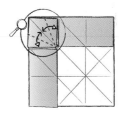

5. Doblar la sección superior izquierda.

Nota: *Acabas de formar una base preliminar (pág. 21) en una esquina. Esta técnica es utilizada en muchos modelos, ya que permite crear mayor tamaño y longitud de la cabeza o cola.*

6. Doblar la esquina superior derecha y la inferior derecha hasta las marcas. Desdoblar.

7. Doblar la esquina inferior hasta la base preliminar. Desdoblar.

8.a Plegar los bordes de la base preliminar como si fuera una base pájaro (ver pág. 32). Dar la vuelta.

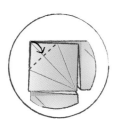

8.b

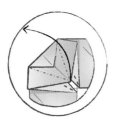

8.c

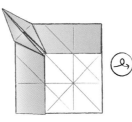

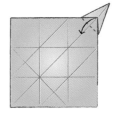

8.d

9.a Bajar la esquina superior derecha de la solapa delantera.

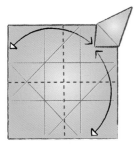

9.b

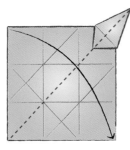

10. Doblar por la mitad plegando en valle. Girar.

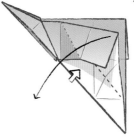

11. Abrir y aplastar la solapa superior derecha.

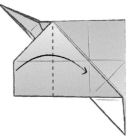

12. Doblar el borde izquierdo por la marca.

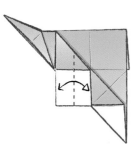

13. Doblar la solapa delantera en valle. Desdoblar.

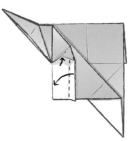

14. Abrir la solapa superior y doblar en valle para hacer la pata delantera.

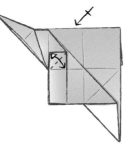

15. Bajar la esquina superior izquierda de la pata. Desdoblar. Repetir los pasos 11-15 en el otro lado.

16. Doblar el borde derecho por las marcas.

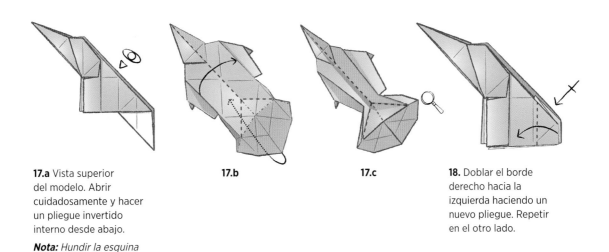

17.a Vista superior del modelo. Abrir cuidadosamente y hacer un pliegue invertido interno desde abajo.

Nota: *Hundir la esquina trasera en la espalda cerrando el modelo.*

17.b

17.c

18. Doblar el borde derecho hacia la izquierda haciendo un nuevo pliegue. Repetir en el otro lado.

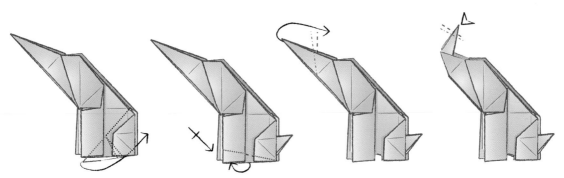

19. Hundir la esquina interior para hacer la cola.

20. Hacer un pliegue monte en el borde inferior para diferenciar las patas del cuerpo.

21. Hundir la trompa hacia la derecha.

22. Hundir la punta de la trompa.

¡ELEFANTE MOMMA TERMINADO!

CONSEJOS

- Practica con varios tamaños antes de intentar el elefante más grande.

- Cuando se usa papel continuo, si el modelo es muy grande, es difícil que se mantenga de pie. Dobla con firmeza, pero haciendo ligeros pliegues curvos para dar más estabilidad al modelo.

- Cuando se doblan modelos grandes, es bueno que alguien te ayude, sobre todo con los primeros pasos; además, es mucho más divertido si se colabora con amigos.

Recursos

OrigamiUSA
www.origami-usa.org
OrigamiUSA es la principal
asociación de papiroflexia sin ánimo
de lucro de Estados Unidos. Los
socios reciben cuatro números de
su boletín *The Paper,* descuentos
para sesiones especiales de plegado
y acceso a la convención de
papiroflexia que se celebra cada año
en el Fashion Institute of Technology
de Nueva York.

British Origami Society
www.britishorigami.info
Es la mayor asociación británica de
papiroflexia. Los socios reciben seis
números de su boletín y acceso a sus
convenciones (hay dos convenciones
anuales en diferentes lugares en
Inglaterra).

Korea Origami Association
www.origami.or.kr
Esta asociación coreana es también
productora de papel. Tienen
reuniones mensuales y boletines.

Y EN ESPAÑA

Asociación Española de Papiroflexia
www.pajarita.org

Origamido Studio
www.origamido.com
Merece la pena visitar la web
de Michael LaFosse y Richard
Alexander. Está repleta de mucha
información interesante sobre el
papel y su fabricación. Puedes
comprar online libros, kits y DVDs.

Alex Barber's Origami Diagrams
www.origami.com
La web de Alex es una base de datos
de diagramas que lleva recopilando
durante años. Se pueden buscar por
autor y niveles de dificultad.

Joseph Wu Origami
www.origami.as
Joseph tiene una web fantástica
de papiroflexia con galerías de su
propio trabajo y mucho más. Cuenta
también una sección estupenda de
recursos y links.

Robert Lang Origami
www.langorigami.com
Robert es un maestro y artista de
la papiroflexia y ha escrito muchos
libros. Su página web es una
galería *on-line* de sus creaciones,

complementada con información
sobre retos de diseño de modelos
de papiroflexia.

Yuri and Katrin Shumakov Oriland
www.oriland.com
Esta pareja ha creado un mundo de
papiroflexia. Su página web es un
divertido mundo de fantasía hecho
de pliegues imaginativos.

Won Park's Money Origami
http://orudorumagi11.deviantart.com
Won es un genio canadiense de
la papiroflexia artística hecha con
billetes de dólar. Te recomiendo
echar un vistazo a sus diseños.
También lidera un grupo de yahoo
de plegadores de billetes llamado
"Money Folders Unite".

Origami House Japan
www.origamihouse.jp/index.html
Makoto Tamaguchi es un maestro
de papiroflexia japonés con
docenas de libros publicados tanto
en japonés como en inglés. Su
página web está en japonés, así que
tendrás que usar un traductor, pero
merece la pena.

Sobre el autor

La pasión de **SOK SONG** por la papiroflexia hizo que convirtiera su *hobby* en un negocio de diseño que le ha reportado diversos premios. Su maestría con el papel ha tenido un puesto destacado en revistas como *Vanity Fair, Marie Claire, GQ* y *Vogue;* ha participado en otros libros de papiroflexia, en TV en *Extreme Makeover: Home Edition* y en *America's Next Top Model,* además de en museos como el Museo Americano de Historia Natural. Se puede visitar su página web en www.creased.com

Agradecimientos

La vida tiene menos sentido sin amistades duraderas y muchos de vosotros me habéis apoyado a través de este largo periplo. Gracias a Alex Horwitz por ser mi querida némesis en mi vida. A Mark Wilson por ser el primero en creer en mí y darme el apoyo empresarial para convertirme en artista (sin ti, Creased Inc. no existiría). A Justin Spring por sus sabios consejos y su guía. A Michael LaFosse y Richard Alexander, habéis sido una gran inspiración para mí en muchos sentidos. Muchas gracias por todo lo que habéis hecho por mí. A la GFF (Alan Wise, Bernadette Conner, Shivani Metha) por darme grandes momentos de diversión y risas. A Marcio Noguchi (lMNop), ¡siempre consigues sacarme del aprieto en emergencias de papiroflexia! Por su ayuda experta con la fotografía, a Maya Choi, Thomas Sirgedas y Emilie Jackson. A Kally Han ¡gracias por tu apoyo y amistad desde Seúl!

A mi querida familia, que me ha apoyado toda mi vida incluso aunque siempre hice cosas un poco diferentes. Gracias a mamá y papá por ser unos padres tan estupendos y darme la educación moral y el fuerte sentido de humildad que han formado la persona que soy hoy. A Chang Ui hyung y Juhui por su paciencia y comprensión. A Sok Min y Brandy por su querido apoyo. A Charlie, ¡tú eres mi hermano pequeño favorito de todos!

Gracias a todos los que me ayudaron probando los diagramas, así como por servirme de inspiración para escribir este libro: Dor Jeong, Clara Onishi, Lily Tamanaha, Gay Merrill Gross, Peter Tagatac, Tricia Tail, Wendy Zeichner, Wesley Damgo, Jim Weir, Elizabeth Burgos, Freddy Burgos, John Weiss, Judy Kapner, Wenhau Chao, Shrikant Iyer, Lenora Zeitchick, Richard Logue, Kathy Knapp, Vishakaha Apte, Kathryn Wagner, Joy Low, Seth Friedman, Margeaux Snyder, Rick Burkhardt.

Gracias especialmente también a Leonardo Pignataro, Shrikant Iyer, las Chicas Bean y familia, Ingrid, JaeHee, Mrs. Rho y el club Lucky Bird.

Al final, pero no el último, me gustaría dar las gracias al maravilloso equipo de Potter Craft: a Betty Wong por hacer posible este libro, Chi Ling Moy por su mirada sofisticada y a Thom O'Hearn por ser tan agradable y darme ánimos cuando empezó a editar el libro. ¡No sé cómo hubiera podido hacerlo sin vuestro ánimo, guía y apoyo!

Índice alfabético

Nota: Las páginas en *cursiva* remiten a diagramas

Otros títulos publicados:

Nobuyoshi Enomoto

JUGANDO CON
PAPIROFLEXIA
ANIMALES

15 figuras coloreadas
de papiroflexia
para niños, listas
para plegar

Hiromi Hayashi

CREAR Y JUGAR CON
PAPIROFLEXIA
FLORES

■ 31 modelos explicados
paso a paso de delicadas
flores.
■ Crea tus propios ramos
y centros florales partiendo
de los ejemplos.

Junko Hirota

PLIEGA Y DISFRUTA
INICIACIÓN A LA
PAPIROFLEXIA
PARA TODOS

27 modelos de papiroflexia:
animales, flores, ropas, cajas...
divertidos y fáciles de hacer siguiendo
las instrucciones paso a paso.

Fernando
Gilgado Gómez

CREAR Y JUGAR CON
PAPIROFLEXIA
DINOSAURIOS

Primer nivel

12 figuras originales
de papiroflexia
para realizar
fácilmente paso a paso.

Fernando
Gilgado Gómez

PAPIROLANDIA 1
Un día en el mundo de la
PAPIROFLEXIA

■ 12 modelos de papiroflexia de un
imaginario universo de criaturas
divertidas: friki, pajarito, orca, sol...
■ Instrucciones y secuencias
de plegado ilustradas paso a paso.

Fernando Gilgado Gómez

PAPIROFLEXIA
BICOLOR

Descubre las infinitas posibilidades
de las dos caras del papel

♦ 13 modelos de papiroflexia bicolor
a partir de un cuadrado de papel,
sin cortar, pegar, ni pintar.

Franco Pavarin

CREAR Y JUGAR CON
PAPIROFLEXIA
AVIONES VOLADORES

29 Modelos de aviones, jets
y astronaves reales para
realizar fácilmente, paso
a paso, en papiroflexia.
Con consejos para el vuelo del ingeniero Luciano Spaggiari.

Franco Pavarin
Luciano Spaggiari

CREAR Y JUGAR CON
PAPIROFLEXIA
17 MODELOS INÉDITOS DE
AVIONES VOLADORES

■ Prestaciones de vuelo excepcionales
también en larga distancia
■ Pliegues indicados con claridad
■ Secuencias de doblado
ilustradas paso a paso
■ Explicaciones detalladas para obtener
fácilmente el mejor resultado.

Franco Pavarin
Luciano Spaggiari

CREAR Y JUGAR CON
PAPIROFLEXIA
NAVES VOLADORAS

■ 17 nuevos modelos de
diferente grado de dificultad.
■ Pliegues y secuencias
de doblado ilustrados paso a paso.
■ Técnica de lanzado con goma elástica.